一張牌直擊核心，
一句話道破未來

塔羅
隨手翻
TAROT
BOOK

澀澤June

楓樹林

Prologue
―前言―

塔羅牌占卜的方法簡單明瞭。
總之只要翻牌就好！

不過塔羅牌的厲害之處就在於，
明明只有這樣而已，結果卻準得嚇人，
令人驚呼：「咦？為什麼連這個都曉得！」

如今，有越來越多人
迷上塔羅牌的這股魅力。

可是，我經常聽到這樣的例子：
有人也想親自體驗，興沖沖地買了塔羅牌，
結果卻遭遇挫折，
心想：「嗯――果然好難喔……沒辦法順利解讀牌意。」

我與塔羅牌的相遇
發生在我十三歲的時候。

從那時開始直到現在，真沒想到，
我和塔羅牌相處的時間已經超過三十年了，
但即使到了現在，我也常常覺得：
「嗯――這次的牌好難解喔……。」

所以說，剛接觸塔羅牌的人
「沒辦法順利解牌」是很正常的。

可是，不用擔心！

為了讓零經驗的初學者
也能立刻上手、輕鬆解牌，
總共七十八張牌的解說盡在本書！

教人「如何解讀塔羅牌」的書籍
在市面上比比皆是，
但我想「不用學就能詳細解牌」的書
應該屈指可數。
請透過本書盡情享受占卜的樂趣吧！

「我只對○○牌沒轍……。」
「我不擅長關於工作方面的解牌……。」
縱然是已經很熟悉塔羅牌的人，
會不會也遇過類似的情況呢？

對這些讀者來說，
本書的「十五種解釋」
一定會大有幫助！
請將本書當成
彌補弱點的「參考書」來用吧！

願你和塔羅牌的關係
可以越來越親密無間……。

How to
—前言—

要準備什麼？

你有塔羅牌嗎？

**只要有一副和書上圖案相同的牌，
這樣就夠了，
其他什麼都不需要。**

請你現在就抽一張牌。

正式的塔羅牌占卜
會使用「凱爾特十字法」等牌陣，
一次抽出好幾張牌，
進行複合式的解讀。
不過，就算是更簡單的方法，
命中率也不會有所差別！

**我推薦各位讀者
採用最簡單的
「單抽法」。**

具體怎麼做？

作法也很簡單。

1

**用洗撲克牌的訣竅，
把七十八張塔羅牌
確實洗乾淨。**

2

**維持牌面朝下，
在桌面上展開所有牌。**

3

憑直覺挑一張牌。

沒了，就只有這樣！

**接下來，請閱讀
這張牌的說明頁。**

對了，
請在一開始先決定好要占卜什麼喔！
本書收錄了
對應十五個項目的「解牌結果」，
請從以下項目中
挑選一個再抽牌吧！

十五個占卜項目

每日篇

給今天早上的你

若想**占卜今天的運勢**，那就參考這個項目吧！
也可以在睡前先為明天抽牌。

給今天晚上的你

在**一天的最後**，忽然沒來由地想要塔羅牌
提供一點建議時，就用這個項目來占卜吧！

那個人今天的心情

假如你有**心儀對象**的話，就可以透過這個項目
占卜對方每天的心情。不管是單戀或兩情相悅
都適用。

關於今天的決定

正在為必須做決定的事傷腦筋時，
就在腦袋裡想著這個項目抽一張牌吧！

關於今天的工作

塔羅牌會告訴你**每天工作的「參考指引」**，
在前一天先占卜也行。

十五個占卜項目

戀愛篇

那個人對你的感覺

這個項目可以在想知道喜歡的人現在對你
有什麼感覺時派上用場。

兩人今後的發展

這段戀情將會何去何從？
想了解今後的發展時，請想著這個項目占卜吧！

那個人現在在做什麼？

見不到面的時候、想聯絡對方的時候，
想得知心儀對象的當前狀態，
這個項目應該可以幫上忙喔！

我們有一天會復合嗎？

不只是分手以後，在吵架後的尷尬期
也用這個項目來占卜看看吧！

那個人的心是否只屬於我？

對遇到情敵、感情狀態較為複雜的人來說，
這個項目應該也會有所幫助。
而且還能知道對方有沒有花心喔！

十五個占卜項目

人生篇

工作好累──以後會越來越好嗎？
假如**繼續這份工作讓你覺得很痛苦**的話，
就透過這個項目接收來自塔羅牌的訊息吧！

人際關係好煩──有解決辦法嗎？
這個項目可以在**煩惱人際關係**時派上用場。
無論對方是同事、朋友或好幾個人都沒關係。

莫名感到空虛──是少了什麼？
這個項目可以用在**對自己的人生感到空虛**的時
候。**心情低落**時也請務必一試。

好想被拯救──我該做什麼？
覺得自己遲遲**得不到救贖**時，請用這個項目
向塔羅牌尋求建議。

我的未來──接下來會發生什麼事？
說白了，就是**占卜未來**的項目。請在前途茫茫、
人生停滯不前的時候試試看。

關於逆位

最後，只有一件事要提醒。

**本書並沒有提供
塔羅牌「逆位」的解讀。**

關於是否要解讀「逆位」這點
在塔羅占卜師之間眾說紛紜。
這正好就跟插花有分「流派」
是一樣的道理。

我在逆位的使用上會見機行事。
也就是說，
我會在自己覺得「該用」的情境用到它；
覺得「不用也能正確讀牌」的時候就不用它。

我認為塔羅牌想對拾起本書的
各位讀者傳遞的訊息，
即使不參考逆位也沒有影響。

Contents

Contents

大阿爾克那 **22** 張

小阿爾克那 56 張

Contents

在次頁的「塔羅牌一覽表」可以用圖案搜尋自己抽到的牌位於本書的哪一頁。

· 塔羅牌一覽表 ·

78

不曉得牌的名稱時，
請用這張一覽表代替目錄。
可以用牌面上的圖案搜尋解牌結果。

大阿爾克那 *Major Arcana*

O
愚者
P.022

I
魔術師
P.026

II
女祭司
P.030

III
女皇
P.034

IV
皇帝
P.038

V
教皇
P.042

VI
戀人
P.046

VII
戰車
P.050

VIII
力量
P.054

IX
隱士
P.058

X
命運之輪
P.062

XI
正義
P.066

XII
吊人
P.070

XIII
死亡
P.074

XIV
節制
P.078

XV
惡魔
P.082

XVI
高塔
P.086

XVII
星星
P.090

XVIII
月亮
P.094

XIX
太陽
P.098

XX
審判
P.102

XXI
世界
P.106

WAND
權杖

權杖
1
P.112

權杖
2
P.116

權杖
3
P.120

權杖
4
P.124

權杖
5
P.128

權杖
6
P.132

 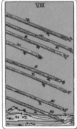  

權杖
7
P.136

權杖
8
P.140

權杖
9
P.144

權杖
10
P.148

權杖侍從
P.152

權杖騎士
P.156

權杖王后
P.160

權杖國王
P.164

PENTACLE
錢幣

**錢幣
1
P.170**

**錢幣
2
P.174**

**錢幣
3
P.178**

**錢幣
4
P.182**

**錢幣
5
P.186**

**錢幣
6
P.190**

**錢幣
7
P.194**

**錢幣
8
P.198**

**錢幣
9
P.202**

**錢幣
10
P.206**

**錢幣侍從
P.210**

**錢幣騎士
P.214**

**錢幣王后
P.218**

**錢幣國王
P.222**

A WORD
寶劍

寶劍
1
P.228

寶劍
2
P.232

寶劍
3
P.236

寶劍
4
P.240

寶劍
5
P.244

寶劍
6
P.248

寶劍
7
P.252

寶劍
8
P.256

寶劍
9
P.260

寶劍
10
P.264

寶劍侍從
P.268

寶劍騎士
P.272

寶劍王后
P.276

寶劍國王
P.280

CUP
聖杯

聖杯
1
P.286

聖杯
2
P.290

聖杯
3
P.294

聖杯
4
P.298

聖杯
5
P.302

聖杯
6
P.306

聖杯
7
P.310

聖杯
8
P.314

聖杯
9
P.318

聖杯
10
P.322

聖杯侍從
P.326

聖杯騎士
P.330

聖杯王后
P.334

聖杯國王
P.338

Q

我算出不好的結果……
可以馬上重抽一次嗎？

A

抽到讓人高興不起來的牌而大失所望。

遇到這種情況，有些人會一再重抽，

直到抽出好結果為止。

我懂這種心情。

很想要改變結果，對吧？

不過，未來並不會單純因為重新抽牌而有所不同。

預示未來會有壞事發生的塔羅牌想要傳遞的訊息，

是提醒你「這樣下去可就無法如願以償了」。

未來尚且不是定數。

就像颱風路徑在偏西風的影響下略有偏移，

你的未來也會隨著你的行動逐漸改變。

人是可以藉由某個行動

來改變未來的喔！

因此，在重新抽牌之前，

先虛心接受原本這張牌帶給自己的訊息，

「在能力範圍之內嘗試看看」，

這才是塔羅牌的正確用法。

請從塔羅牌接收「改變未來的線索」

並採取行動。完成之後就可以重新抽牌了。

會出現不一樣的結果唷！

什麼是大阿爾克那？

偉特塔羅牌（Waite Tarot）總共有七十八張。
其中二十二張是大阿爾克那，英文是「Major
Arcana」，意即「比較重要的牌」，經常出
現在人生或愛情的重大轉機。

THE FOOL

0 愚人

不管是被笑或挨罵

都無須理會！

堅持走自己的路吧！

這就是「愚人」的精神。

 無關 ● 隨心所欲 ● 可以恣意妄為 ●
無拘無束 ● 背離常識 ● 不抱期待

─ 0 愚人 ─
每日篇

給今天早上的你

現在的你或許有一顆豪放不羈的心，但今天就是要這麼豪放！**隨心所欲、自由自在地做自己想做的事**──因為這樣會在今天招來意想不到的好運。張開靈魂的翅膀，朝著未知的世界振翅高飛吧！

給今天晚上的你

你今天累壞了吧？**都是因為身處的環境有諸多限制**，今晚的你才會如此疲憊。你應該很想變得更自由吧？要不要計劃一場旅行，出去散散心呢？這樣一定會讓你恢復活力喔！

那個人今天的心情

今天的他傾向想到什麼就馬上去做。可能會偶然心念一轉就朝你靠近。但是這個舉動沒有深意，不要抱有**「他終於要對我認真了嗎？」**這種過度的期待。你也用輕鬆的心情和他相處吧！

關於今天的決定

別發下豪語說要「做出最好的選擇」。正確答案並不存在。**「我喜歡這個」、「這邊比較好」**，跟著這種感覺去做吧！這樣就行了。就算失敗也不會造成太大的損失喔！

關於今天的工作

請意識到自己正走在一座搖搖欲墜的危橋上。「唉呀，這點小失誤沒差啦！」這樣的想法可是會**致命**的喔！不過，在跟創意有關的工作方面，**今天大膽的想法會帶來成功**。

THE FOOL

戀愛篇

那個人對你的感覺
現在的他似乎想以輕鬆無負擔的心情享受和你之間的關係。他**很期待下次約會**，想營造一段輕鬆愉快的時光。就算提起沉重的話題，他應該也聽不進去。那件事請改天再說吧！

兩人今後的發展
你們對彼此的不滿或煩躁感會慢慢消失。想要束縛對方的心情也會緩和下來，**能夠以最真實、最舒服的方式愛著彼此。**也不會再疑神疑鬼，回歸當初相遇時的純真無邪。

那個人現在在做什麼？
他現在非常放鬆。應該是剛從壓力當中得到解脫吧！**要聯絡他也沒關係。**只不過，現在的他想要的是盡情享受這份自由，因此請避免聊得太久或是太複雜的話題唷！

我們有一天會復合嗎？
只要彼此心中的芥蒂消失不見，就能讓一切變回一張白紙，重新開始。但是這在你仍被**「猜忌」、「憤怒」或「不安」**困住的情況下是不可能實現的。先把這些都放下吧！

那個人的心是否只屬於我？
在他心裡找不到一絲「邪念」。他這個人個性悠哉，沒有其他多餘的心思，所以你大可放心。就算有別人主動靠近，他對那個人也不會有任何想法。請放寬心。

─ 0 愚人 ─
人生篇

工作好累──以後會越來越好嗎？

現在是可以奔向自由的時候。也就是可以轉換跑道。塔羅牌說，你身上還藏著無限的可能性。就算你選擇繼續現在的工作，關注「沉睡在自己體內的可能性」也會成為一個線索喔！

人際關係好煩──有解決辦法嗎？

你很在意他人的想法吧？「要是這麼做，別人會怎麼想？」「對方會回我什麼？」想太多這種問題讓你感到心累。要不要試著任性一點呢？即使被人討厭，只要不去在意你就贏了。

莫名感到空虛──是少了什麼？

你正日復一日地重複一樣的事情，對吧？對一切都瞭若指掌的日子奪走了你的活力。走進沒去過的店家、購買沒試過的商品。為你的日常生活增添「未知」吧！

好想被拯救──我該做什麼？

請不要太貪心。雖然知道這個和那個全都得做，可是並沒有那種時間。要拯救背負太多工作而累垮的你，就絕不能缺少「放手的勇氣」。減少一些工作吧！

我的未來──接下來會發生什麼事？

煩惱會一掃而空。能夠說出「那件事就算了吧」的時刻即將到來。若你正在為一段痛苦的戀情煩惱糾結，就代表將會找到另一段戀情獲得幸福喔！能笑著說「那種人我早就忘了」的那天越來越近了。

THE MAGICIAN

1 魔術師

THE MAGICIAN.

我無所不能。
萬事俱備，
只欠行動！
「魔術師」自信煥發。

 明確的意志 ● 強硬的態度 ● 自信 ●
一切取決於自己 ● 新的夢想 ● 胸懷目標

—1 魔術師—
每日篇

給今天早上的你

今天的你相當強勢。心中湧現自信，確信「我做得到」。今天這股**自信會帶領你獲得成功**，所以請著手去做想做的事。雜務什麼的之後再說。朝著寶貴的夢想前進吧！

給今天晚上的你

白天想到的事情中蘊藏線索，讓未來得以往好的方向發展。你今天一整天都在想些什麼？回想一下，把內容寫下來吧！明天就立刻動手做想做的事才是正確答案。

那個人今天的心情

今天的他自信滿滿、神采飛揚。因為看起來魅力十足，你**可能會再次對他墜入情網。**「一定要把想要的東西弄到手」的強烈意志也在持續升溫。實際上，他應該會得償所願。

關於今天的決定

不用猶豫，**選你「最想要的」就對了！**

不要因為「可是好貴喔」、「又不確定會不會順利」之類的迷惘動而動搖決心。今天是可以依靠直覺的日子。能夠做出正確的決定喔！

關於今天的工作

用「被逼著做」的心態工作的話，什麼事情都不會改變；但假如內心具備**「這是我的工作」**的使命感，今天就是你可以突飛猛進的日子。用你的意志和行動力開拓未來吧！

戀愛篇

那個人對你的感覺

他現在很喜歡你，明明白白是這麼想的。**「想要把與你之間的關係變成自己想要的樣子」**，這樣的念頭也開始在逐漸膨脹。只不過，他不想要魯莽行事。應該會想好策略再來吧！

兩人今後的發展

塔羅牌說，**一切都取決於你自己**。假如你可以向對方表明心意，引導戀情的發展，兩人的心意就會合而為一；而若是把戀情的發展交由對方決定，這個夢想就不會實現。

那個人現在在做什麼？

他在專心做自己想做的事。既不是在意興闌珊地工作，也不是在打發時間，而是全心埋頭在重要的工作或興趣裡面。這種時候最好別打擾他。**下次再聯絡他吧！**

我們有一天會復合嗎？

倘若你「想要重新來過」的意志非常明確，就有足夠的可能性可以復合。但**你是否心存迷惘呢？**要是覺得「就算重來也只會重蹈覆轍」的話，事情的發展就會如你所想。找找別條路吧！

那個人的心是否只屬於我？

此刻他的心毫無疑問只屬於你。「魔術師」這張牌代表「清楚而明確的意志」，因此他的內心沒有一絲猶疑。**他也沒有想要四處拈花惹草的意思，所以不必擔心**。有自信一點！

—1 魔術師—
人生篇

工作好累——以後會越來越好嗎？

表現出想要逃跑的態度是不行的。等待自己心中冒出「無論如何都想改變現況」的慾望吧！只要有幹勁，不管遇到任何困境，一定都能扭轉局面。**請相信自己的能力和好運吧！**

人際關係好煩——有解決辦法嗎？

現在很難期待對方會有所改變。但是，**你可以改變自己啊！**不要再一味忍受對方的欺凌，也不要再對強者唯命是從，主動改變當下的氣氛才是正確答案。

莫名感到空虛——是少了什麼？

你現在缺少的是「從做想做的事情得到的充實感」。儘管你可能因為沒錢或沒時間這些理由而放棄了，但**真正不夠的其實是「下功夫」。**試著摸索用少量的時間和預算就可以做到的方法吧！

好想被拯救——我該做什麼？

「請救救我！」**從這樣大聲喊出來開始做起吧！**如果你覺得就算呼救也沒用的話，那可就錯了。主動向家人、公司或社會大眾尋求協助吧！一定會有人對你伸出援手。

我的未來——接下來會發生什麼事？

你很有可能會找到下一個夢想或目標，或者是朝著新的戀情展開行動。**請誠實面對自己「想這麼做」的心情。「懷抱希望」**本身就是往實現夢想跨出一大步喔！

2 女祭司

要守護珍貴的個人領域，
嚴懲不貸的態度也很重要。
對清廉無垢的「女祭司」來說，
藉口也是行不通的。

Key Word 潔癖 ● 隔絕在外 ● 毅然決然的態度
克己 ● 絕不寬貸 ● 嚴厲 ● 純潔

─2 女祭司─
每日篇

給今天早上的你

今天可以拿出堅決果斷的態度。就算有人向你提出強人所難的要求也不必害怕，**直接用一句「NO」頂回去就行了。**不要給對方可趁之機，守護好自己的領域吧！

給今天晚上的你

你心裡是不是很後悔，覺得自己那樣說可能太過分了？但是今天的你需要「毅然決然的態度」。**不要責備自己。**沖個澡，把自己洗乾淨吧！後悔和擔憂會一掃而空喔！

那個人今天的心情

今天的他對自己很苛刻，對別人的要求也比平常更嚴厲。**而且也百般不願接受跟自己不同的意見**，沒辦法放寬心胸。在這種日子，就不要拿事情拜託他了吧！

關於今天的決定

對於不想接受的事，你可以果斷拒絕。**不要對他人寄予同情。**還有，請務必順從自己的心。就算勉強自己去做內心其實不喜歡的事，應該也不會太順利吧！

關於今天的工作

今天的你需要的並不是察言觀色或「協調性」；倒不如說，**是與這些恰恰相反的「嚴謹」。**遵守期限、預防失誤並驅逐不守規定的人，唯有這麼做才能在今天取得成功。

戀愛篇

那個人對你的感覺

今天的他不想要你拿強人所難的事來逼迫他；此外，可能也希望你不要對其他異性卸下心防，**讓對方趁虛而入**。他希望你一直保持清清白白、一塵不染的樣子。

兩人今後的發展

如果你們的意見或期望異於彼此，現在要磨合是不可能的。**你們只能各走各的路。**可是，暫時拉開距離，等你和他都冷靜下來之後，說不定心情就會有所不同了。

那個人現在在做什麼？

他自己一個人待著。即便旁邊還有別人，他也沒有開口說話，整個人沉浸在自己的世界裡。**完全沒有發生任何會讓你擔心的事。**他發誓自己只會忠於你一人。

我們有一天會復合嗎？

「不能復合什麼的，我絕不接受！」或許你心裡是這麼想的，但這麼「冥頑不靈」便沒辦法與對方心意相通。請找回那顆善於變通的心，這件事才是當務之急。

那個人的心是否只屬於我？

目前**有權進入他內心**的人只有你了。再也沒有別人能夠與他心意相通。就算臉上掛著營業用的笑容，他也會打開**看不見的防護罩**，用這種方式來保護自己喔！

—2 女祭司—
人生篇

工作好累──以後會越來越好嗎？

你是不是覺得連自己不擅長或不喜歡的工作都非做不可？拒絕也是有必要的。**討厭就說討厭也沒關係。**只要這麼想，心裡就會一口氣輕鬆許多，對工作的熱忱也會提高。

人際關係好煩──有解決辦法嗎？

你人很好，所以才會讓死皮賴臉或不負責任的人有機可趁吧！不需要同情他們。**請築起一道牆，將對方隔絕在外。**還有，也要嘗試把自己這邊的主張確實表達出來。

莫名感到空虛──是少了什麼？

你可能是過度把那些自己「不擅長」或「不喜歡」的事情都排除在外了。因此才會缺乏刺激、少了成長機會、徒增空虛感。**縱使面對不熟悉的事物也要勇於挑戰。**

好想被拯救──我該做什麼？

跟對你不理不睬的人求助也只是白費工夫。**請別忘了還有其他人願意幫助你喔！**就算只是放下對「不實現這個夢想就得不到幸福」的執迷不悟，也一定會得救的。

我的未來──接下來會發生什麼事？

你應該可以和想改掉的壞習慣或處不好的人**一刀兩斷**。而且還會形成不管是什麼樣的人都不得大搖大擺地闖進你的內心為所欲為的情況。你可以安心啦！

 Major Arcana

THE EMPRESS

3 女皇

「女皇」宛如在嚴父身旁
露出慈祥微笑的母親。
包容一切的「接納的愛」
才是「女皇」牌的精神。

Key Word 包容力 ● 豐沛的愛 ● 從容 ● 寬宏大量
母愛 ● 保護 ● 放鬆 ● 安心 ● 培育

─3 女皇─
每日篇

給今天早上的你

今天會有很多人對你產生好感。應該會有一堆人收到你的善意，因而備受鼓舞吧！請你也用「慈悲的心」來對待自己。還有，不要整天汲汲營營，放慢腳步、悠哉過活吧！

給今天晚上的你

回想今天沒做好的事情「指出自己的缺失」要適可而止。與其這樣，還不如用熱呼呼的食物、飲料或喜歡的睡衣來**犒賞自己吧！**這張牌正在慰勞你付出的努力。

那個人今天的心情

今天的他很寬宏大量。應該是因為有人對他投注了不求回報的愛吧！說不定那個人就是你喔！他很想**將自己被賦予的愛回饋給對方。**無論對自己或他人都想溫柔以待。

關於今天的決定

「自在」、「充足」這些關鍵字是下決定的線索。想外出旅行的話，不要選擇行程或預算很緊湊的方案，而是**選有彈性空間的。**此外，不急的事就別倉促決定，慢慢思考吧！

關於今天的工作

放輕鬆啦！一直神經兮兮或情緒緊繃是沒辦法在工作上有好表現的。若想取得信用或賺取財富，**就請賦予對方安心感。**輕輕揚起嘴角露出微笑，帶著輕鬆愉快的心情參與商務會議吧！

戀愛篇

那個人對你的感覺

他對你是一片柔情。你一些不起眼的小動作看在他眼裡都變得很可愛,不知怎地就是覺得你很惹人憐愛。他想盡可能滿足你所有的任性要求,想要好好地守護你。

兩人今後的發展

一種舒適自在的關係會油然而生。你們能夠互相珍惜,並且逐漸培養出能夠包容對方的缺點或失敗的寬闊心胸。可以共度一段甜蜜時光唷!**品嚐蜜月期的幸福滋味吧!**

那個人現在在做什麼?

他才剛擺脫壓力,正在放鬆休息。這是他短暫的小憩時光。**為了養精蓄銳,**他正卸下全身的力氣,讓自己放空大腦,什麼都不去思考。除非發生緊急狀況,否則他可能不會回應他人的聯繫。

我們有一天會復合嗎?

你和他之間真的經歷了好多事呢!**當能夠原諒一切的時刻來臨時,**你們的關係會再次變得親密無間,但這需要花上一些時間。在還沒有完全放下的階段重新來過也不會順利。

那個人的心是否只屬於我?

你很在意**他對誰都很溫柔**嗎?可是,溫柔和愛情是不一樣的。倒不如說,有時候只有在面對自己喜歡的人才會沒辦法溫柔以待。要是他偶爾對你很冷淡的話,就代表他的心是你的喔!

—3 女皇—
人生篇

工作好累——以後會越來越好嗎？

你會從高強度的壓力中獲得解脫，更不會再被塞得密密麻麻的行程追著跑了。畢竟這是一張代表「從容」的牌。你面對工作的心態一定也會變得很從容喔！

人際關係好煩——有解決辦法嗎？

你有沒有不知不覺用嚴厲的態度對待別人？**「我就是不能原諒那個人的那種地方！」就是因為你這麼想，所以才會痛苦不堪。**任何人一定都有缺點，想法也都不盡相同。請找回那顆包容的心。

莫名感到空虛——是少了什麼？

你少了「從容」。不僅在時間和金錢上缺乏從容，**還無時無刻都在接收資訊，大腦更是在全力運轉……**。這樣下去會累垮的。關掉電視、遠離網路，置身於寂靜之中。空虛感會離你而去。

好想被拯救——我該做什麼？

為了平息內心的恐慌，請你做一次深呼吸。而若是發生了這樣還是靜不下心來的混亂情況，那就寫日記吧！**正視並接受發生在自己身上的事情**會帶來救贖。我是說真的。

我的未來——接下來會發生什麼事？

忙得不可開交的時期會畫上休止符。躺在公園的草坪上愜意放鬆時所感受到的那種**「鬆了一口氣的感覺」應該會在你心裡擴散開來。**在那之後將會展開新的回合，用心灌溉寶貴的愛情或事業。

4 皇帝

「皇帝」是掌握並統治
世上萬物之人。
身為出色的領袖，
迫使他人服從的威嚴也是必要的。

 Key Word　領袖特質 ● 嚴格 ● 不許鬆懈 ● 維持秩
序 ● 獨占 ● 不肯退讓 ● 堅定的意志

— 4 皇帝 —
每日篇

給今天早上的你

向等待你做出決斷的人下達明確而堅定的指示——這就是你今天的使命。你會確實完成**身為領導者所應該背負的職責。**周遭對你的評價及人望肯定會大幅提升。

給今天晚上的你

請別掉以輕心。把還沒做完的工作或家事處理掉吧！正在減肥的話，也別忘了控制飲食。**唯有將下定決心要做的事確實完成才能如釋重負。**若是半途而廢，你的心就無法休息喔！

那個人今天的心情

他正在關注現實層面。因此今天的他無心思考羅曼蒂克的事。老實說，此時比起下一次約會，他更看重「下一場會議」。他一定正面臨**應當負起責任的關鍵時刻。**

關於今天的決定

選輕鬆的路走有可能會變成先樂後苦。刻意做出艱難的決定並面對課題才是最好的選擇。**你是個只要下定決心就能言出必行的人。**相信自己的強大，付諸實行吧！

關於今天的工作

小心別為無關緊要的話題分心，**導致工作脫離正軌。**遠離喜歡閒聊的人，專注在自己的工作上也很重要。要是有後進或部下的話，給他們的指示要精準明確。此舉將帶領你獲得成功。

戀愛篇

那個人對你的感覺

他對你的心意沒有改變，只是因為一心埋頭於工作，所以想不出什麼甜言蜜語。可是這並不代表愛情出現動搖，他只是正在面對現實的問題罷了。他認為**你會等他。**

兩人今後的發展

你們的關係會漸趨穩定。只是要小心缺乏變化，了無新意的感覺恐怕也會變得更加強烈。此外，要是現在起了口角，很容易演變成**雙方都一步也不肯退讓的僵持局面。**也許只能由你先服軟了。

那個人現在在做什麼？

他正在嚴加監控，不讓事物的進行停下腳步，例如關注承包商的工作進度等等。另外，這張牌也代表**「無法從該處離開的狀態」。**應該很難期待他可以「現在馬上飛到自己身邊」。

我們有一天會復合嗎？

如果期待復合，現在是忍耐的時候。對彼此過度依賴導致你們的愛情出現裂痕。首先，**你們需要各自獨立，重新整頓自己的人生。**要是能做到這點，復合的時機就會到來。

那個人的心是否只屬於我？

當然是你的。而且，他同樣也**想自己一個人獨占你的心意。**有其他人把你搶走是他完全無法饒恕的事。也因為有這種想法，他才會說出像是在打聽你每天發生了哪些事情的話。

—4 皇帝—
人生篇

工作好累——以後會越來越好嗎？

塔羅牌說，現在正是關鍵時刻。雖然辛苦，但只要趁現在好好努力，就能讓自己的位置變得穩如泰山。為了散發出讓任何對手都不敢靠近的強大氣場，現在要繼續奮鬥。

人際關係好煩——有解決辦法嗎？

「我必須振作一點才行……」正是這種責任感在將你逼入絕境。也許你身邊的人的確不太可靠。儘管如此，**也不要獨自一人背負太多**。想想卸下重擔的方法吧！

莫名感到空虛——是少了什麼？

願意認同你的努力、尊重你的立場的人寥寥可數——這正是讓你感到如此空虛的原因。然而你現在很難透過命令的方式改變他人。首先，**請你先認同對方吧！**

好想被拯救——我該做什麼？

真正能拯救你的人是你自己。因為皇帝牌說：**「你才是自己城堡的主人。」**只要調整亂成一團的生活作息及心理狀態，繼續把該做的事做好，就能拯救自己於混沌之中。

我的未來——接下來會發生什麼事？

接下來要發生的事情**將會提高你的「存在感」。**喜歡你的人會對你更加著迷，變成你的俘虜。而在職場上，你會變得更有發言權。所有人都無法再對你提出任何反駁。

THE HIEROPHANT

5 教皇

THE HIEROPHANT

具備信賴及權威的「教皇」
是教導世人的存在。
況且，這世上的一切
皆始於向他人學習。

Key Word　遵守規範或紀律 ● 學習基礎 ● 行善
掌權者 ● 信賴 ● 忠誠心 ● 愛的誓言

—5 教皇 —
每日篇

給今天早上的你

今天請你要遵守規則！否則很容易發生問題。**也要小心做出不禮貌的舉動。**只要把這些放在心上，這一天就能平安度過。不用擔心任何事情。今天也是可以享受與人互動的日子。

給今天晚上的你

今天或許**有很多要學的事**。雖然你應該很疲憊了，但是千萬不能暴飲暴食。今晚最好安分一點。如果覺得自己還有多餘的精力，就先把凌亂的房間整理好再睡覺吧！

那個人今天的心情

他今天的心情非常平穩且真摯直率。不會對來自其他人的建議或指示產生排斥，而是會乖乖照做。**假如你想給對方某種建議的話，今天正是大好機會。**請試著告訴他吧！

關於今天的決定

聽從「權威」的意見才是最好的。猶豫不決的話，請詢問對這件事很有研究的人。若是打算在網路上蒐集意見，請不要相信匿名者的發言，而是**信任有公開長相和姓名的人**。他們會正確地指引你。

關於今天的工作

請你保持謙虛。過度自信在今天是大忌。不能無憑無據就認為「我才是對的」。**聽從經驗人士的意見會比較好喔！**要是沒有可以提供建議的人，就小心翼翼地按照工作守則來處理吧！

那個人對你的感覺

現在，他很信任你，覺得「你一定不會欺騙我或對我撒謊吧」。回應他的這份信賴吧！手法拙劣且破綻百出的欲擒故縱會導致對方受到傷害，要小心一點喔！

兩人今後的發展

你們應該會慢慢能夠對彼此的愛互信互重。但刺激可能會有所減少。不過親密度和安全感則會確實提高。或許還會產生**要為兩人的將來做打算的念頭**也說不定。

那個人現在在做什麼？

他可能正在參加招待客戶的餐敘，或是正在認真跟上司開會或努力孝順父母。因為「教皇」這張牌代表「忠誠心」，所以他**非常有可能正在盡忠**。他正在努力奮鬥。

我們有一天會復合嗎？

要是你遵守規則的話就還有可能；但萬一你做了什麼使他心生反感，**或試圖強迫他接受自己的心意的話，復合就會變得相當困難**。現在就先靜待「心結」自動解開吧！

那個人的心是否只屬於我？

此時他的心裡對你一片赤誠。縱使有形形色色的異性圍繞身邊，他也對**「自己應該珍惜的人只有你」**有非常清楚的自覺。應該甚至也把結婚納入考慮範圍了喔！

—5 教皇—
人生篇

工作好累——以後會越來越好嗎？

你或許對服從上位者的指令漸感疲乏，也對一再重複一樣的工作厭倦了吧？可是塔羅牌說，**現在是「修行期間」**。讓身體澈底記住工作的基礎吧！一定會遇到派上用場的時候。

人際關係好煩——有解決辦法嗎？

價值觀的落差使得**每個人都覺得「自己才是對的」**。若不建立統一的規範，將會導致混亂無法收拾、衝突不斷上演。
找一個所有人都願意服從的領導者，跟他商量看看吧！

莫名感到空虛——是少了什麼？

現在的你缺少的是「規矩」。**你的生活作息是不是亂成一團？**睡眠不足或營養不良會影響到精神面，為你的內心帶來空虛和憂鬱的感覺。只要每天過著規律的生活就會恢復精神囉！

好想被拯救——我該做什麼？

接受專家的建議是最好的作法。不要一個人獨自煩惱，找找會幫助你解決問題的醫生、技術人員或人生導師吧！現在只要有心就一定能遇到可以信賴的人。不要放棄。

我的未來——接下來會發生什麼事？

與指引你的**「老師」的邂逅正在等著你喔！**只要開始運動、鑽研興趣或用功讀書，應該就會遇到很棒的老師，也可能會由此發展出一段戀情。若是正在尋覓良緣的話，試著參加相親也會有好的結果。

THE LOVERS

6 戀人

「戀人」是靈魂的養分來源！
因為活著的喜悅
唯有在邂逅美好的人事物、
靈魂高亢激昂的瞬間才會出現。

Key Word 邂逅 ● 墜入情網 ● 停不下來 ● 選項 ●
順從誠實的心 ● 交換彼此的愛 ● 享受其中

─ 6 戀人 ─
每日篇

給今天早上的你

請暫時釋放被紀律過度約束的自己。**與其做「該做的事」，不如做「想做的事」會比較好喔！**偶爾這樣也沒關係，而且正因為有這樣的日子，活著才會變成一件開心的事。

給今天晚上的你

你是不是對某個人或某件東西墜入情網了呢？白天在他臉上見到的笑容、在購物商場偶然看見的商品，萬一這些在你的腦海中頻頻出現，那就代表你正在戀愛。**這顆心再也停不下來了。**

那個人今天的心情

今天的他想要「寵愛自己」。即便有必須處理的工作還沒做完，要是收到心儀對象的邀約，他可能就會把工作丟到一邊。**他想要以好玩的、喜歡的事情為優先。**

關於今天的決定

你應該已經下定決心了。雖然可能會是一個風險極高的挑戰，但假如你想試試看的話，就只能放手一搏了。**壓抑內心、強迫自己放棄會讓人生變得無比空虛。**也不要壓抑喜歡一個人的心情。

關於今天的工作

工作熱忱降低是因為你對自己過於嚴苛，再加上**單憑義務感工作也已經到達極限了。**在找回幹勁之前，先把步調稍稍放慢，或是把力氣花在尋找想做的工作上吧！

那個人對你的感覺

他喜歡上你了。這份心意不存在任何的「企圖」或「盤算」，單純只是靈魂被你深深吸引，無法自拔。不過他的內心還在天人交戰。或許是害怕自己會為這份戀情澈底淪陷。

兩人今後的發展

你們可能會展開一場愛的大逃亡。雙方對彼此的愛意失控暴走，再也沒有任何人能夠阻止你們。倘若兩人的關係已經親密無間，則有可能發生某件事情讓你再次愛上對方喔！

那個人現在在做什麼？

他應該正沉迷於遊戲之中，或是喝醉了酒，處在「半夢半醒的狀態」。總之，此時此刻的他正把身體全權交付給從自己體內湧出的慾望。也可能正想著你、想見到你。

我們有一天會復合嗎？

你們之間會湧現「強烈渴望」，勝過「即便復合也只會重蹈覆轍」這種消極而理性的判斷。「就算知道是徒勞也想重新來過！」能夠順從這股衝動的那天即將到來。

那個人的心是否只屬於我？

如果你們彼此相愛，那他的心就是屬於你的；但假如你們兩人的關係正在逐漸趨近於「義務」的話，那可就危險了。他的心會脫離義務，開始拍動翅膀，追尋自由的戀愛。

─ 6 戀人 ─
人生篇

工作好累──以後會越來越好嗎？

「希望工作起來更開心」的心情變得很強烈對吧？既然如此，不如去尋找可以實現這個願望的工作吧！想想**跟不管再辛苦，都讓你覺得「我果然還是喜歡這個」的事情有關**的工作。

人際關係好煩──有解決辦法嗎？

最好遠離那些嘴上說是「為了大家」，強迫別人遵守道德或紀律的人。**和這種人待在一起會被壓得喘不過氣。**不必勉強自己去聽高舉正義大旗的人說了什麼。重新找回靈魂的自由吧！

莫名感到空虛──是少了什麼？

自己是為了什麼才這麼努力，你好像已經搞不懂了。想起初衷吧！只要意識到自己並不是被誰強迫去做，而是**因為喜歡才做，空虛感便會一掃而空**，活下去的慾望會重新回到你身上喔！

好想被拯救──我該做什麼？

你只要找到想做的事或遇見喜歡的人就會得救。為此，你需要前往一處可以與吸引靈魂的事物邂逅的地方。請試著對**「散步」、「旅行」或「玩樂」**再更積極一點吧！

我的未來──接下來會發生什麼事？

你會找到自己熱愛的事物。可能是對異性的愛戀，也可能是愛上傑出的創作者為你展現的世界。總之，你會遇到讓自己陶醉其中、渾然忘我的事物，疲憊不堪的靈魂會因此飄然升天吧！

THE CHARIOT

7 戰車

朝著理想全力衝刺！
只有從沒想過敗北、
拼命奔向勝利的勇者
才能靈巧地駕馭「戰車」。

Key Word ▸ 挑 戰 ● 無 畏 ● 前 進 ● 正 面 對 決 ● 直 接
命 中 ● 衝 動 行 事 ● 上 進 心 ● 戰 鬥 姿 態

—7 戰車 —
每日篇

給今天早上的你

拋開恐懼、大膽挑戰吧！這樣你的未來便會開始綻放充滿希望的玫瑰色光輝。就算失敗也沒關係。因為所謂的挑戰就是**有勇氣接受任何結果**的行為。贏不了也無所謂，要不要挑戰看看呢？

給今天晚上的你

挑戰精神高漲時，不要猶豫，放手去做。若是找到想要的東西，請趁今晚買下來吧！現在是**速度重於一切的時刻**。只要毫不遲疑地採取行動，就會出現令人雀躍的結果。

那個人今天的心情

今天的他很想放手一搏，可能會想著**「怎麼能輸！」**以一顆強大的心挑戰工作或興趣。這副模樣勇猛剽悍，讓許多人都深受吸引。你一定也會很想拼命幫今天的他加油打氣吧！

關於今天的決定

選擇「前進」吧！你的靈魂此刻一定正如此期望。要是做出「放棄」或「算了」這種消極的決定，總有一天你會後悔，心想：**「早知道當初就去做了。」**要小心喔！

關於今天的工作

請追求理想。最好不要再為了做出成果而妥協了。**一定不是只有提高銷售額或成績才是工作的意義。**為了接近夢想或理想的挑戰會在這天為你帶來幸福。

戀愛篇

那個人對你的感覺

他正為你瘋狂著迷，**打算把你的心占為己有！**不過，現在的他只顧著拼命展現自己的魅力，也許會缺乏對你的關心。從你的角度來看，可能會覺得他好像搞錯了什麼。

兩人今後的發展

塔羅牌表示，**你們正在迎接「前進的時刻」。**只是在這個情況當中存在著某種風險。你們兩個都很清楚有可能會失去什麼。但是只要勇往直前，你們的心就會合而為一。

那個人現在在做什麼？

他正朝著通往勝利的活動大步邁進。說不定正在為提升工作表現拼盡全力。他自認已經盡了自己的所有力量。**想從你這邊得到的應該是強而有力的聲援吧！**向他傳遞支持他的心情吧！

我們有一天會復合嗎？

現在放棄可能會後悔喔！「早知道再努力一點就好了……。」若是不想像這樣悔不當初，就筆直地朝復合前進吧！抓準機會，在此之前，請你先繼續磨練自己。

那個人的心是否只屬於我？

他心裡不存在「三心二意」，一顆心只屬於你。不過，他有一種「**想要得到認同的心情」。**為了靠工作或興趣功成名就、獲得世人的讚賞，他也打算努力從大量的異性那裡贏得人氣。

—7 戰車—
人生篇

工作好累——以後會越來越好嗎？

渾身充滿幹勁的時刻就快到了。你還會覺得士氣大增，想著「我跟你拼了！」本來萎靡不振的心情已不知所蹤。還會心無旁鶩地專注在自己的工作，**成功將對手一一超越。**

人際關係好煩——有解決辦法嗎？

因為和不適合自己的人待在一起，你才會覺得如此疲憊。往更高的目標繼續努力吧！只要這麼做，就一定會遇見和你一樣**有上進心的「好夥伴」。** 不要甘於現狀。

莫名感到空虛——是少了什麼？

你是不是覺得「自己做不到」而放棄了呢？現在的你需要的是「fighting spirit」——戰鬥精神。**為了贏得自由、成功或愛情挺身而戰吧！** 沒有什麼是帶著決心去做還做不到的。

好想被拯救——我該做什麼？

跌到谷底的時刻即將來臨。屆時一切將會頓時改變，你會燃起熊熊鬥志，能自己救自己脫離苦海。還抱著「只要原地等待就會有人來幫忙」的期待會無法振作。等待**覺得「只能去做了」的瞬間吧！**

我的未來——接下來會發生什麼事？

再過不久，你會變成一位**勇敢的戰士。**這張牌是提起腳步奔向理想的時刻即將來臨的暗示。任何人都不能阻止你。你會忽略那些說你「有勇無謀」的聲音，朝幸福狂奔而去。**請拿下勝利吧！**

8 力量

要成為不怕獅子的少女！
因為「力量」指的不是力氣，
而是面對「困難」
無所畏懼的心態。

 接受困難 ● 沉靜的勇氣 ● 忍耐 ● 精神
力 ● 理性的力量 ● 控制自己 ● 操控

—8 力量—
每日篇

給今天早上的你

把目光從問題上移開解決不了任何事情。你今天該做的事只有一件——不要逃避，就只有這樣而已。**你的抗壓性會在今天受到考驗**，但無論如何，面對自己該做的事吧！你一定可以的！

給今天晚上的你

你總算要做好「覺悟」了吧？應該已經慢慢地冷靜下來，知道「雖然很難，但也只能放手一搏了」。只要有心面對難關，任何事情都會化為可能。我是說真的！

那個人今天的心情

今天的他具備一股無論是什麼都願意接納的平靜力量。就算你對他發洩怒氣或不滿，他也會不為所動，而是會**認真接收你的情緒**，向你道歉或思考改善方法。

關於今天的決定

請不要試圖規避風險或選擇輕鬆的路走喔！否則你會悔不當初，想著「要是那個時候有先去做就好了……」。**現在是重視「面對」的時刻。** 做出英明的決定吧！

關於今天的工作

現在正是「拼命」的時候！ 你可能會感到萬分痛苦，但請奮鬥到最後一刻。你今天的收穫是「堅忍不拔的自己」這份驕傲——也就是**「永不放棄的精神」**。這會成為你今後的長處吧！

那個人對你的感覺

他很喜歡你，想把你變成自己想要的樣子。可是他認為不可以把這種想法表現出來，**正在拼命壓抑想順從「本能」的心情。**他希望你發現也有這種愛人的方式。

兩人今後的發展

你們會需要跨越難關。彼此**都必須要克制「自己」。**任性、撒嬌或「只要自己好就好」等等，只要抱持這種心態，你們的心就不會達成一致，無法接受對方的愛。

那個人現在在做什麼？

他正在處理需要忍耐力的事。也可能正在和麻煩人物一起工作或相處，被對方弄得心煩意亂，同時卻仍努力按捺怒氣。如果再給他更多壓力，他就會理智斷線、澈底爆發，請不要刺激他。

我們有一天會復合嗎？

你應該也很明白，復合是一條「艱難的路」。可是只要忍耐下去，這條路就一定會為你敞開。不過，**一定也有更輕鬆的路。**另外尋找其他戀情說不定會容易許多。好好斟酌吧！

那個人的心是否只屬於我？

他成功壓抑自己的慾望。不受無聊的誘惑吸引，**用一顆高潔的心只想著你。**然而，他身邊的確有很多刺激。問題在於環境，而非在於他三心二意、見異思遷。

—8 力量—
人生篇

工作好累——以後會越來越好嗎？

這段艱困時期應該會讓你**大有進步**。能夠在如此痛苦的時刻繼續努力的人寥寥可數。對手應該會接連敗陣。只要留到最後，你成為第一名的那天絕對會到來！

人際關係好煩——有解決辦法嗎？

你是否長久以來都在咬牙忍耐不合理的事呢？若是如此，那你就已經贏了！因為有別於那些愚蠢之徒，**你可以控制「自己」**，所以你比誰都要更聰明強大。要對自己有信心！

莫名感到空虛——是少了什麼？

因為你不斷逃避挑戰困難，才會覺得人生無聊透頂。**要不要試著挑戰難關呢？**如此一來，內心就會冒出勇氣、活力和振奮的心情。人生會再度開始閃閃發光。

好想被拯救——我該做什麼？

你需要忍耐。再忍一天，或再忍一個禮拜，請繼續維持目前的努力。「只要忍受痛苦就得救！」知曉這個道理，你一定就能繼續努力下去。總之，現在要**試著成為忍耐大賽的冠軍**。

我的未來——接下來會發生什麼事？

有能力將原本不受控制的慾望壓制住的那天即將到來。**能夠抑制宛如脫韁野馬般的本能**，停止胡亂花錢、暴飲暴食或沒有意義的爭吵。生活將回到正軌，愛情或事業開始順利發展；和平再次降臨。

THE HERMIT

9 隱士

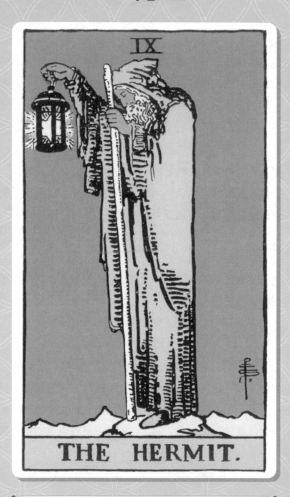

「隱士」手中高舉的燈光
只會映出「本質」。
若是正在煩惱，
就自問自答直到得出結論。

― 9 隱士 ―
每日篇

給今天早上的你

你應該很難找到認同自己意見的人。說不定會產生一種「是自己錯了」的感覺。**然而「真理」存在你心中。**與其探索外在世界，不如查探內心世界尋找答案吧！

給今天晚上的你

你很想躲在自己的世界裡面。今晚沉浸在回憶之中也是一個不錯的選擇。要不要試著挖掘自己從以前到現在的想法，像是翻翻日記之類的呢？目前面臨到的問題也會在那裡找到答案。

那個人今天的心情

他的心情十分陰鬱。可能還會自顧自地認定**「反正就算說了，對方也不會懂吧」。**在這樣的日子裡，要從他口中問出真相或許是不可能的事。試著等他的心情發生變化吧！

關於今天的決定

你最好想得認真一點！憑「直覺」選出的答案在今天不會是正確解答。反之，只要經過深思熟慮再行作答，得到的結果就會讓你覺得**「我果然是對的！」。**總而言之，請繼續思考直到期限到了為止。

關於今天的工作

與其追求「效率」，你更應該**追求「工作的本質」。**你的工作是什麼？是使某人感到幸福嗎？還是為某人提供支持呢？若是你能釐清這些問題，就會看見自己該做的事。

THE HERMIT

戀愛篇

那個人對你的感覺

他正在重新審視自己的心意。「為什麼喜歡上你」、**「和你在一起真的是正確的嗎」**……之所以會思考這些問題，是因為現在的他迷失了「方向」。他暫時會繼續摸索。

兩人今後的發展

有可能會進入停滯期。但是這種時間是有必要的。這段感情憑著一股衝動發展至今。趁這個機會認真回顧過去、思考未來吧！經過這個階段，**你們的愛一定會變成如假包換的「真愛」。**

那個人現在在做什麼？

他正在思考。儘管他將所有的可能性和選項一字排開，制定未來計畫，但卻遲遲沒能得出答案。不過，**他有「絕對會找到正確答案」的信心。** 他一定會成功的。

我們有一天會復合嗎？

你似乎在猶疑不定，不確定「和他復合是對的嗎……」。找到這個答案才是當務之急。請繼續捫心自問。只要**不受到嫉妒或寂寞的影響**，用一顆冷靜的頭腦去思考的話，一定很快就會出現正確答案了。

那個人的心是否只屬於我？

他眼中凝視的是「獨一無二、如假包換的愛」。假如他愛你的話，除了你以外的人，他應該根本不屑一顧。相對地，他也不會容許你的背叛。**他追求的是「唯一的愛」。**

— 9 隱士 —
人生篇

工作好累——以後會越來越好嗎？

會累是因為你比誰都還要勤奮。為了把能力鍛鍊到極致，你每天都在不斷精進。儘管路途凶險，**但你最後一定會探究出這條道路的精髓，登峰造極。**到那個時候，你便能得到與付出的辛勞相應的報酬。

人際關係好煩——有解決辦法嗎？

不被理解讓你相當難受，但是這也無可奈何。因為你太聰明了，**令那些見識淺薄的人難以理解。**要不要試著尋找像你一樣有「求知慾」的夥伴呢？就算人數稀少，他們也一定存在於某個地方喔！

莫名感到空虛——是少了什麼？

你在過往的人生當中一直不斷在尋找這個答案。假如這樣還是找不到「感到空虛的理由」，就把心轉向外面的世界吧！**在裡面找不到的東西會在外面發現。**請你也挑戰看看不感興趣的事吧！

好想被拯救——我該做什麼？

只要**你還縮在自己的保護殼裡**，就不可能會有獲得救贖的感覺。你需要得到別人的認可。知識、魅力和求知慾這些你樣樣不缺，不夠的只剩「自我行銷的能力」。請訓練這個能力吧！

我的未來——接下來會發生什麼事？

「探求的時間」即將展開。你可能會開始學習之前一直很好奇的事。相較於鍛鍊實用性的技巧，感覺更接近累積「精神上的修養」。這段時間會**為你的靈魂帶來深度與寧靜。**

10 命運之輪

命運彷彿咕嚕咕嚕轉動的車輪
在人生的背後不斷運作，
因此偶然有時會變成「必然」，
故事就開始動起來了。

　放棄自行決定　聽天由命　意外的好運
必然的相遇　看不見的力量　指引

—10 命運之輪 —
每日篇

給今天早上的你

今天可能會跟你想的截然不同。期待的事情或許不會按照你的期望發展；但取而代之的是，**會有出乎預料的好運從天而降**，令你喜出望外。今天可以感受到人生的有趣之處。

給今天晚上的你

今天發生在你身上的所有事情通通都是「命運的安排」。要不要查查令你在意的人或感到好奇的關鍵字呢？這樣的行動會抓住「好運」，成為**搭上上升氣流的契機**唷！

那個人今天的心情

今天的他可能非常被動。在他心裡產生了一種「現在就把人生交給命運來決定吧」這種隨遇而安的感覺。**你的主動出擊很容易在今天得到迴響**，趁著被別人捷足先登之前先約他出去吧！

關於今天的決定

要是有什麼事情舉棋不定，就試用丟飛鏢來決定吧！要擲骰子也可以；或是把兩個選項寫在紙上，再閉著眼睛用手指出一個也行。**命運會為你決定一切。**今天這麼做才是最好的。

關於今天的工作

可能會遇到需要運氣大於努力的局面。這時，**「運氣超好」的人就會變得無比可靠。**可以找籤運很強的人或每次出門都出大太陽的「晴男」、「晴女」，拉他們成為同伴。別對自己的能力過度自信。

戀愛篇

那個人對你的感覺

他感受到命運。最近可能出現了一些情境，令他覺得**你們的相遇是必然的。**然而，他想把與你之間的感情交給命運。覺得就算自己不採取行動，假如命中註定會走在一起，那就一定會變成這樣。

兩人今後的發展

好日子的後面是壞日子，壞日子結束之後又會輪到好日子。世上沒有永遠的安寧，但**每一次的輪轉都會使你們的羈絆變得更加緊密。**不管是什麼樣的命運，都請你試著接受吧！

那個人現在在做什麼？

此時此刻的他沒有自己的意志，**正在享受降臨在身上的命運。**他應該正在處理別人交代的工作、到受邀參加的場合露臉，或是盯著剛好看到的電視節目，看得目不轉睛。

我們有一天會復合嗎？

現在很難藉由你的行動來重修舊好，但或許反而有機會透過**「偶然重逢」這種令人訝異的方式讓舊情復燃。**畢竟這是一張代表「運氣」的要素大於「努力」的牌。

那個人的心是否只屬於我？

希望他只看著你可能會導致他的心離你而去。**請不要對他「下達命令」，而是順其自然吧！**讓自己保持純潔無瑕、天真爛漫的模樣，應該只有這樣，你才能得到他的愛。

人生篇

工作好累——以後會越來越好嗎？

你可能正因為明明努力了卻沒得到成果而備感挫折，差點一蹶不振。但努力沒有得到回報是常有的事。你需要的是拿出讓「運氣」站在自己這邊的氣魄。**放棄過度拼命，觀察自然的趨勢吧！**

人際關係好煩——有解決辦法嗎？

人類是會嫉妒「天選之人」的生物。倘若你集所有人的嫉妒於一身的話，雖然痛苦，但你應該要高興才對！**你的運氣一定很好。**能夠遠離麻煩人物、更上一層樓的那天即將到來。

莫名感到空虛——是少了什麼？

你是不是忘了這個世界上有「看不見的力量」在運作呢？一味倚仗自己的力量只會徒增孤獨和空虛感。期待會有偶然的邂逅或好運幫助自己，試著融入廣大的世界吧！

好想被拯救——我該做什麼？

你不用自己動腦思考。完成別人委託的事項、接受上級指派的工作、前往受邀參加的場合吧！**一切都是命運的安排。**只要跟著這個安排繼續前進——與「救贖」的相遇就在那裡。

我的未來——接下來會發生什麼事？

命運終於要開始轉動了。你從來不敢奢望的好運會從天而降。不要猶豫，接受它吧！**想著「我才不需要這種機會」而拒絕它**就太浪費了！凡事都要試試看。

11 正義

追求正確的法官

是冷酷無情的「理智之人」。

若「正義」的天秤歪了一邊，

他就會揮下長劍，一刀兩斷。

 Key Word 與努力相對應的成果 ● 均衡 ● 兩情相悅 ●
平等 ● 正確的分析 ● 報酬 ● 理智 ● 計畫性

—11 正義—
每日篇

給今天早上的你

今天會出現與努力相應的成果！**假如你一直以來都很努力的話，就無庸置疑會得到回報。**不過今天也會發生相反的情況。若放著該做的事不做、沒發揮應有的能力，就可能會出現相對的報應。

給今天晚上的你

你今天的行為是對還不對，這個答案將會在最近揭曉。等看到結果之後再思考下一步的行動就好。因為可以補救，先**不要想東想西、擔心太多**，今晚早點休息吧！

那個人今天的心情

今天的他很冷靜。無論是自己的事或別人的事，他都會試著撇除多餘的情緒客觀看待。因為這個原因，他可能也會說出有點傷人的話。不過，**大家應該都了解他說的是對的。**

關於今天的決定

今天可以做出不勉強的決定。不管再怎麼想要一件東西，假如到手的可能性很低，你就會乾脆放棄。假如真的非常猶豫，就代表**「兩個可能性都難以捨棄」**。既然如此，何不選擇兩者兼顧的那條路呢？

關於今天的工作

打算做出超越實力的結果，最後可能會害自己大失所望。**正確評估自己的能力**，知道「現在的我大概可以做到什麼程度」。這樣才會得到確實的成果，因而提升幹勁喔！

戀愛篇

那個人對你的感覺

他感到相當滿意,覺得**目前的你們是非常平衡的情侶**。假如你們的關係還處在不上不下的狀態,代表他比你以為得還要冷靜,認為「現在還不是可以把話說清楚的時候」。

兩人今後的發展

「只有我這麼喜歡他,好痛苦喔……。」你將從這種情緒當中得到解脫。**你們會變成兩情相悅喔!**喜歡彼此的心情會慢慢達到平衡。在那之前,請不要感情用事,而是冷靜沉著地培養感情。

那個人現在在做什麼?

他正全心投入在已經知道會有結果的工作或興趣裡面。似乎**不太想接觸有失敗風險的事。**或許正是這個原因害他離戀愛越來越遠。他不想把精力花在無謂的事情上。

我們有一天會復合嗎?

假如你能**仔細分析造成分手的原因**,就有足夠的可能性回到原本的關係。你有沒有用對自己有利的方式來解讀對方的話呢?如果有的話,針對這點反省一定就是通往復合的捷徑。

那個人的心是否只屬於我?

這張牌代表「彼此的心意達到平衡」。如果你的心百分之百向著對方的話,**那對方一定也同樣是全心全意地愛你。**要是你的心有所遲疑,則對方的心也會搖擺不定。

─11 正義 ─
人生篇

工作好累──以後會越來越好嗎？

你一直都很努力，所以沒問題的。過去的努力得到回報的那一刻一定會來臨！但假如身邊的人比你還更努力的話則另當別論。偶爾也別忘了**比較一下自己和其他人努力的量。**

人際關係好煩──有解決辦法嗎？

你或許是因為受制於「人情」才會繼續維持痛苦的關係。**將情感屏除在外，用理性找出答案吧！** 這樣就好了。有時候也需要「精打細算」，離開那些沒有益處的人。

莫名感到空虛──是少了什麼？

你是否每天都在過著毫無計畫性的日子？ 雖然看當天的心情隨心所欲地過活也不賴，但要是空虛感一直存在，就代表是時候該想想了。試著安排每日計畫，體驗將代辦事項一一打勾的樂趣吧！

好想被拯救──我該做什麼？

你可能是因為想要一鼓作氣實現夢想才會接二連三地感到失望。**從簡單的事情開始做起吧！** 只要把確實做得到的事一件件按部就班地完成，就會逐漸累積實力。等回過神來，你一定就變得很厲害了。

我的未來──接下來會發生什麼事？

過去的努力會有所回報，昔日經驗派上用場的情況也會日漸增加，**與成功的距離越來越近。** 而逐漸減少的則是受到「不合理待遇」的滿腔憤慨。與適合自己的人的邂逅也在等著你唷！

THE HANGED MAN

12 吊人

THE HANGED MAN.

龐大的期待、難題、要求……

任誰都會有

應付不來的事!

這就是「吊人」的心情。

 無法回應期待 ● 達觀 ● 忍耐 ● 偏見 ●
堅持 ● 擅自認定

—12 吊人 —
每日篇

給今天早上的你

你或許對暫時擱置的事非常掛心，但今天應該還是不能給出答案。可能也收不到正在等待的回覆。在這種日子要轉換心情，從現在做得到的事開始一一處理才是正確答案。不要著急。

給今天晚上的你

今天一整天可能在一籌莫展的情況下就過去了吧！**事態之所以沒有進展，有可能是因為你在堅持什麼。**明天要不要試試看暫且拋開「必須如此」的偏見呢？

那個人今天的心情

現在的他覺得自己好像陷入低潮了。應該正在苦惱該怎麼做才可以脫離這個狀態。儘管遭到催促會讓他更手足無措，不過比起這點，**他給自己的壓力**才占了更大一部分。

關於今天的決定

你缺乏「關鍵的判斷依據」，因此今天會很難做出決斷。還可能會遇到為顧此失彼的狀態焦頭爛額的情況。要是無論如何都想決定的話，**就把標準降低吧！請在某種程度上接受妥協。**

關於今天的工作

創作活動也許會遇到瓶頸。企劃和銷售在今天也會難有進展。**找回那顆能夠想出有別於過去的作法、富有新意的心吧！**否則就得擔心一整天都陷入停滯。請稍微轉換心情唷！

戀愛篇

那個人對你的感覺

他很想回應你的期待，無奈目前處於束手無策的狀態。也有可能正為了**想見你卻不能去找你**而煩惱不已。若這種日子一直持續下去，他心裡應該會不斷累積罪惡感以及椎心刺骨的思念。

兩人今後的發展

雙方所求存在微妙的差異。 現在很難達成協議或發展下去。期待越高，越會為了停滯感暗自惆悵。只要做好「現在辦不到」的覺悟放棄奢求，就會從緊緊束縛住你們的事物中得到解脫。

那個人現在在做什麼？

他可能正身處在動彈不得的情況之下。像是對沒完沒了的會議或工作感到煩躁、不停思考不會有答案的問題。**他遲遲不肯「死心」才是問題所在。** 再等他一下吧！

我們有一天會復合嗎？

對方無法回應你的期待是有原因的。 而且你自己應該也對「已經回不去那個時候」有所自覺吧？即使如此，你的心還是離不開他。下定決心放手是需要時間的。

那個人的心是否只屬於我？

他的心被牢牢綁在你身上，就算想分也分不開喔！也許他對你就是如此用情至深，或是**被困在「猜疑」或「罪惡感」中走不出去**，可能因為這樣，他的注意力才會離不開你。

─ 12 吊人 ─
人生篇

工作好累──以後會越來越好嗎？

現在越試圖反抗公司內或社會上的「風氣」，痛苦指數就會越高。也許平息「反抗的心」才是當務之急。此外，要不要也試著考慮**把加諸在自己身上的高標準降低看看呢？**

人際關係好煩──有解決辦法嗎？

現在的你說不定是被「發生這種事實在太奇怪了」、**「明明大家都應該要這樣才對」**之類的想法給限制住了。只要想想「一樣米養百樣人」，就不會那麼生氣啦！

莫名感到空虛──是少了什麼？

讓你感到空虛的是「認為自己做不到」這種妄自菲薄的想法。你是否明明有想做的事，**卻在去做之前就主動放棄、灰心喪志了呢？**為什麼做不到？明明連試都沒試，別擅自認為自己一定不行。

好想被拯救──我該做什麼？

身體之所以動彈不得，是因為你不停在喝斥自己：「一定要快點動起來！」**有時候什麼都不做、什麼都做不好也沒關係吧？**解開腦袋裡的死結吧！緊緊捆住你的繩索應該也會隨之鬆綁。

我的未來──接下來會發生什麼事？

「束縛住你的，是你自己的固執、自尊心和不願妥協。」意識到這點而豁然開朗的時刻即將到來。只要知道這是自己痛苦許久的原因並解放內心，就可以**和多年來的煩惱說再見啦！**

在開始之前，終結搶先到達
——這就是「死亡」。
縱然無法逃過一死，
但卻未必都是「悲劇」。

Key
Word 　為了重生的死亡 ● 放手 ● 做出了斷 ●
消失 ● 告別 ● 失落感 ● 結束現狀

每日篇

給今天早上的你

漫長的**痛苦總算要結束了**。但請你到最後一刻都不要大意。就算是討厭的事，一想到要結束了，難免也會覺得有點寂寞。然而時間不能倒轉。全力以赴，結束得無恨無悔吧！

給今天晚上的你

也許失去某樣事物的打擊在你的心上穿了一個洞；或是在一天的最後感到莫名空虛，有種看不到希望的感覺。**然而，「結束即是開始」**。旭日很快就會再次東昇。

那個人今天的心情

他正飽受「失落感」或「虛脫感」的摧殘。**可能是在結束一件大案子之後累倒在地**，或是沒能做出想要的結果而失望透頂。他不需要半吊子的安慰。只要相信他的靈魂會重新振作，等著他就好。

關於今天的決定

一直拖拖拉拉地延後決定是不是開始讓你感到疲乏了呢？只要痛快斬斷三千煩惱絲，整個人就會豁然開朗。頭髮還會再長。這並不是永遠的結束。**你不必害怕會失去什麼，大可狠下心來做出決斷。**

關於今天的工作

「確實處理完畢」是今天的一大重點。請把「完成工作」設為目標吧！而且，每處理完一件工作就要休息一下。請別忘了**充分保留「恢復體力的時間」**喔！

戀愛篇

那個人對你的感覺

他開始考慮**要放棄自己對你們之間的關係所抱持的「期待」或「希望」。**他認為不這麼做就無法前進,準備下定決心做出了斷。從他口中說出其他提案的那天應該很快就要到了。

兩人今後的發展

錯綜複雜的情緒或事情告一段落的時刻即將到來。「美好時光」應該早就結束了。比起為了恢復往昔的關係苦苦掙扎,**請你朝著「重整旗鼓」努力吧!**舊愛復燃要先從這裡開始。

那個人現在在做什麼?

他正在進行「最終階段」。可能是在為報告做最後統整、簽訂契約,或是和某個人討論以後的事。靠著「只要做完這個就能休息一下、喘口氣」的想法鼓勵自己繼續努力。

我們有一天會復合嗎?

在復合之前,**你可能需要先「做個了斷」。**你是不是還惦記著各式各樣的事情,始終放不下呢?請讓這些事情確實落幕。只要能做到這點,命運就會再為你準備一首「安可曲」。

那個人的心是否只屬於我?

殘留在他心中的**戀戀不捨正在逐漸消失。**假如你在意的是「他的過去」,那麼這種擔憂很快就會煙消雲散。能夠切身感受到「他現在眼中只有我」的時刻一定就快到了。

─13 死亡─
人生篇

工作好累──以後會越來越好嗎？

這是宣告「現狀結束」的牌。或許你現在正身處谷底，但既然如此，接下來就只剩往上爬了。然而**緊抓著該放手的東西不放，將導致情況更慢好轉。**請你也要重視「死心」這件事。

人際關係好煩──有解決辦法嗎？

不如就讓這段關係結束吧？你現在正在面對的，是不太會有「想設法讓關係變得更好」這種想法的人。**不期待、不聯絡、不靠近**，選擇這些選項才是最好的作法。

莫名感到空虛──是少了什麼？

你失去了無比珍貴的事物，對吧？會感到空虛是理所當然的事。**你的傷口尚未癒合。**不必這麼急著想讓自己打起精神。在心情確實告一段落之前，先放緩腳步，慢慢生活吧！

好想被拯救──我該做什麼？

首先，要先放手。死命攀住快要沉沒的船不肯鬆手，就會連把手伸向救生艇都做不到。你一定能遇到願意拯救自己的人物或場所。所以不要害怕，**向老舊過時的希望說再見吧！**

我的未來──接下來會發生什麼事？

邁向人生「NEXT STAGE」之前的決斷時刻即將來臨。**畢業、辭職、契約到期、團體解散**……你應該很寂寞吧！可是不這麼做就無法往下個階段前進。瀟灑道別，邁向下一個時代吧！

14 節制

> 不傾向極端之一，
> 而是將兩者結合
> ——這就是「節制」。
> 要做到這點意外困難。

 分寸 ● 適可而止 ● 融合 ● 結合 ●
不走極端 ● 心意相通 ● 慢慢來

—14 節制—
每日篇

給今天早上的你

今天**無論做什麼都要適度就好**。雖說一個勁地埋頭苦幹不太好，但是過於鬆懈也不對。此外，對情人、家人或同事的「期待」也要適可而止。請不要要求太多。

給今天晚上的你

若是已經出現尚可接受的成果，今天就先這樣吧！急於求勝可是會變成「龜兔賽跑」裡面的兔子喔！比起只有一天有一百分，**連續一星期都有五十分的成果**更了不起。以這種贏法為目標吧！

那個人今天的心情

既不是特別好，也不是特別差，今天的他難得心如止水。即使找他吵架，他也不會予以理會。如果有事情想要他靜靜聽你說的話，最好請他在今天之內為你抽出時間。

關於今天的決定

猶豫的話就先等一下，別做決定。這天最好也要避免堅持把事情說清楚、講明白。縱使有人不接受你的說法，也不要採取強硬手段。**慢慢說服對方**才會有好的結果喔！

關於今天的工作

若能順利將兩種不同的要素結合在一起，得到的結果就會令人驚豔。鞏固企劃需要**「靈感」**及**「忍耐」**兩者兼具；另一方面，面對交涉則要帶著**「強勢」**與**「和氣」**坐上談判桌。

戀愛篇

那個人對你的感覺

他很清楚你們之間有著無法立刻填滿的「距離」，並沒有要
勉強縮短這個距離的打算。他也知道**要花很多時間才讓你
明白**自己的心意。但是他的態度很樂觀喔！

兩人今後的發展

你們兩人經歷了不同的命運，慢慢融合這兩種人生的階段
即將展開。這需要花上一些時間，但只要不慌不忙、持之
以恆地交換彼此的愛，兩人的羈絆就會非常牢固。

那個人現在在做什麼？

此時的他正面臨有些棘手的難題，但依舊耐著性子想要將
緊緊纏住的絲線一一解開；或者，也可能**正在試圖把不同
的意見整合在一起**。因為就快成功了，所以他的內心相當
穩定。

我們有一天會復合嗎？

為了意識到雙方是「異於彼此的人」，你們迎來了分道揚
鑣的結局。「我很了解你。」如果你這麼想的話，那可就錯
了。要想重新開始，請**承認他是「另一個人」，抱著重新認
識他**的心態來面對吧！

那個人的心是否只屬於我？

可惜的是，他的心裡現在正掛念著各種對象。例如家人、同
事、朋友或客戶等等，他**正在努力回應好幾個人的要求。**
你說不定會感到寂寞，但暫時壓抑占有慾，等他一下吧！

—14 節制—
人生篇

工作好累——以後會越來越好嗎？

除了至今使用的能力之外，**訓練其他能力將成為關鍵。**請你試著在這個地方投注精力。這樣不但會出現過去做不到的成果，還能從工作中感受到更多樂趣喔！

人際關係好煩——有解決辦法嗎？

與價值觀不同的人交流是件苦差事。然而你正在努力達成這項「壯舉」。這件事有努力的價值。你會像那些有海外生活經驗的人一樣，培養出「從多種面向看事情的眼光」。

莫名感到空虛——是少了什麼？

和關係親密的人之間的心靈交流變少了吧！**想要和某人交心的心情**沒有得到滿足，所以才會覺得空虛。尋找新的夥伴、在社群網路上跟陌生人聊天，試著花點心思在交友上吧！

好想被拯救——我該做什麼？

處在不上不下的情況讓你如坐針氈。然而，現在似乎還**不是可以做出了斷的時候。**要想在維持現狀的同時保持一顆明亮清澈的心，屏除雜念或許是最好的作法。請多冥想。

我的未來——接下來會發生什麼事？

「結合的時期」即將到來。玩樂與工作的結合、串聯不同群體的朋友、把過去的實際成果運用在目前的工作上等等，諸如此類的行為會越來越多。**單調乏味的人生將會變得獨特不凡。**

15 惡魔

THE DEVIL.

想要逃避決定、輕鬆過活的懶人，
隨隨便便就會
中了「惡魔」的誘惑，
被栓上依存的鎖鏈。

Key Word　曖昧的界線 ● 甜蜜的誘惑 ● 半吊子 ●
無法自拔 ● 依賴他人 ● 怠惰 ● 貪心

─15 惡魔─
每日篇

給今天早上的你

今天似乎會有很多危險的誘惑。或者，可能會有人對你說：「交給我就好，這樣比較輕鬆喔！」然而**這正是「甜蜜的誘惑」！**請重視懷疑、思考與親力親為。

給今天晚上的你

千萬不能覺得「應該沒關係吧」。把必須在今天之內處理好的事情解決掉吧！保持警惕，別讓暴飲暴食之類的壞習慣跑出來。此外，若有不好的預感就不要置之不理，而是要確認。

那個人今天的心情

他想逃避麻煩的事。一方面覺得懶惰的自己很討人厭，一方面卻又提不起勁。**他也可能正在依賴幫自己減輕負擔的人。**可是對他說教只是對牛彈琴。改變他的心情需要讓他產生自覺。

關於今天的決定

別再依賴別人了。這樣做或許輕鬆，但是也很危險。**對方會隨心所欲地利用你**，搶走你本來可以獲得的利益。就算麻煩也要試著自己去查。否則可是會吃虧的喔！

關於今天的工作

想著自己必須努力，就會被壓力的鎖鏈牢牢綁住，無法發揮實力；而若是嫌工作麻煩的話，則會想要逃避現實。**調整心情，回歸中立吧！**默默把工作做好，只要這樣就行了。

戀愛篇

那個人對你的感覺

他說不定是有什麼「隱情」。雖然對你有意思，但同時卻又害怕順從自己的心意。他可能是覺得，若是敗給誘惑，奪走了你的心，**自己就會在某個地方遭到報應。**

兩人今後的發展

要擔心對彼此相愛感到疲乏，演變成**「只是因為離不開對方才在一起而已」**的狀態。避免這種相處模式才是明智之舉。就算是孽緣也沒差，只要幸福就無所謂，不過世上還有其他不一樣的幸福喔！

那個人現在在做什麼？

他正逃往一條輕鬆的路。一邊因為沒有力氣面對困難，沉迷於安逸的玩樂當中，一邊又討厭這樣的自己。他當然有想要停下來的想法，但卻也有**認為「自己做不到」的軟弱。**

我們有一天會復合嗎？

在這種狀態下復合要擔心會**變成拖拖拉拉、不乾不脆的關係**。假如你的願望是和對方「變回真正的情侶」，那我就不鼓勵你隨便回覆對方的聯繫。但你或許很難抵擋誘惑吧！

那個人的心是否只屬於我？

之所以會想把對方的心牢牢綁在自己身上，是因為你的心已經被他囚禁了。**快脫離一天到晚只想著他的狀態吧！** 如此一來，占有慾和擔憂會盡數消失，你才能真正感受到對方的愛。

人生篇

工作好累——以後會越來越好嗎？

你是自由的。假如你被迫以不合理的方式工作的話，**要逃離那個地方也是辦得到的。**不要勉強自己咬牙苦撐，找找看別的工作或工作方式吧！只要鼓起勇氣，就一定會找到其他工作。

人際關係好煩——有解決辦法嗎？

看來你正待在一個會視自己的需求操控你的人身邊。之所以會感覺越來越無力，**是因為被他玩弄於股掌之間。**但如果是你，一定能逃離他的魔爪。不要害怕說「NO」。

莫名感到空虛——是少了什麼？

你是否日復一日過著「不斷重複的日子」？假如你**因為懶得思考其他選項**，總是吃著同一種食物的話，還請多增加幾道菜色。也不要總是跟同一群人玩在一起，考慮拓展自己的交友圈吧！

好想被拯救——我該做什麼？

你一定很清楚，縱使放任自己耽溺於眼前的快樂也無法得救。**把開心的事放到後面，先處理辛苦的事**——這才是獲得救贖的道路。你是不是顛倒了順序，才導致人生越活越痛苦呢？

我的未來——接下來會發生什麼事？

避開安逸的道路吧！那裡有「惡魔」在等著你。此外，容忍**一步步入侵自己領域的對象**將會導致後患無窮。不要以為「只有一點點應該沒關係」，堅守自己的邊界。

在堆得又高又穩的事物
崩塌的那一刻，從「高塔」上
墜落的人們會因為能摧毀一切的
喜悅和解放感渾身顫抖吧！

Key Word　現狀崩壞　具有衝擊性　瓦解的自尊心
或固執　文化衝擊　解放　瀕臨極限

—16 高塔—
每日篇

給今天早上的你

你似乎快忍到極限了。之前沒說出口的憤怒或許會全數爆發。也可能會因為受不了牙齒陣陣抽痛，決定去看牙醫。**「默默承受的痛苦」就此結束。**你終於要解脫了。

給今天晚上的你

假如你覺得「快不行了」，那就下定決心吧！「明天還要去公司上班，好討厭喔！」有這種想法的話，不如就提出辭呈吧？不管再怎麼忍耐都會到達極限。塔羅牌在告訴你，那一刻近了。

那個人今天的心情

今天的他很容易生氣。忍耐力很低，可能只要受到一點刺激就會大發雷霆、激烈反彈。**心情極差的他說不定會把你惹哭**，但是每個人都有這種時候，多包容他吧！

關於今天的決定

無論是購物或告白都可以憑著一股衝動決定。你內心的慾望一定已經強烈到根本無法去考慮後果了。**「不管三七二十一，先做了再說」，這種精神搞不好會為你帶來意外的成功喔！**

關於今天的工作

請小心別讓至今為止的職業生涯毀於一旦。若把「真心話」毫不保留地告訴客人或客戶，你肯定會因此失去下一份工作。**要是覺得忍無可忍，就做好辭職的覺悟**放手一搏吧！

戀愛篇

那個人對你的感覺

他渴望得到你的心情似乎已經到達瀕臨爆炸的程度；若非如此，那即將爆炸的恐怕就是「怒氣」了。不管是哪一種，最好都要小心一點。**現在的他無法理性愛你**。整個人很情緒化。

兩人今後的發展

一次也好，試著把想說的話一吐為快也不賴吧！現在不這樣就很難使兩人之間的關係發生變化。雖然兩邊都會受傷，但**等膠著的情況解除之後，你們就會看見希望**。

那個人現在在做什麼？

他受到嚴重打擊。**自以為正確的信心激底瓦解，失魂落魄的模樣宛如一具行屍走肉**。要是擔心的話，請聯絡他看看。他也許不會像之前一樣假裝堅強，而是會對你展現出「脆弱的自己」。

我們有一天會復合嗎？

你需要在復合之前做個了斷。為什麼你們的關係中斷了呢？倘若不想因為這個真相大受打擊，選擇逃避問題的話，復合將離你們越來越遠。只要做好面對現實的心理準備，應該就會出現新的發展。

那個人的心是否只屬於我？

對方才是那個想把你占為己有、讓你只屬於自己的人。他只要想到你被別人用手碰了一下就夜不成寐，甚至還會開始覺得**「不然乾脆什麼都不要了」**。他已經忍到極限了。

―16 高塔―
人生篇

工作好累――以後會越來越好嗎？

目前的工作變得令你難以忍受。即使未來會出現希望，但**你的幹勁應該撐不到那個時候了。**果斷離職也好。雖然會失去一些東西，但是心情會變得很輕鬆喔！

人際關係好煩――有解決辦法嗎？

已經過去的事情不能改變。就算留在那些欺負你、惹你生氣的人身邊，大概也等不到對方向你賠罪的那一天。請離開那種人吧！繼續這樣忍下去也不會有回報的。

莫名感到空虛――是少了什麼？

你在壓抑真正想做的事情，對吧？正是這個原因害你的人生變得無比空虛。要不要每個月安排一天**破壞所有規則和理性的「解放日」**呢？你大可試著盡情去做喜歡的事。

好想被拯救――我該做什麼？

已經結束的事情莫可奈何。別再抓著碎落一地的希望，想方設法要將它拼回原狀，**試著從頭來過吧！**只要把倒塌的磚塊疊成其他形狀，就會堆砌出不一樣的幸福喔！

我的未來――接下來會發生什麼事？

在前方等著你的是送舊迎新的時刻。即將出現刻板印象或偏見崩塌瓦解的場面。你會確實產生**豁然開朗**的感覺。只要拋棄過時的觀點，就一定會找到讓現在的工作或戀愛更閃閃發光的那條路。

THE STAR

17 星星

要讓宛若「星星」在遠方閃爍的
希望活在心中，就要將期待、失敗
或芥蒂付諸流水，
保持本色繼續前進。

**Key
Word** 澄澈的心 ● 淨化 ● 寬恕 ● 放棄盤算或期待 ●
心無雜念地奉獻 ● 純粹的心意 ● 純愛

—17 星星—
每日篇

給今天早上的你

今天是能夠心無雜念為他人付出的日子。但你不必勉強自己為誰付出。只要以純粹的心情全心全意專注在自己工作上就好。正是這種**不求回報的行為**才會意外地拯救了誰。

給今天晚上的你

洗滌身體和心靈吧！覺得不舒服是因為身心染上了「汙穢」。先沖個澡，再試著把心中累積的不滿或擔憂寫在筆記上。透過打坐來**放下雜念**也是很好的方法喔！

那個人今天的心情

他心思純淨，能不受一己之私的利益或慾望影響，淡淡地處理事情。**他還認為「對周遭抱持期待只是在白費力氣」**，但是這並不代表自暴自棄。現在的他成功放棄了「期待」。

關於今天的決定

考慮「可以獲得的結果」或「報酬的多寡」再做決定會導致判斷力遲緩。**請試著去選擇自己想做的事或喜歡的事。**這樣不但能輕輕鬆鬆做出判斷，而且還會變成最好的結果。

關於今天的工作

想被認同、想被誇獎、想做出結果……讓這種心情變得過於強烈是很危險的。若工作時滿腦子都在想著這些事情，就會連自己開始沾手不正當的行為都毫無自覺。用一顆清淨的心專注在工作上吧！

戀愛篇

那個人對你的感覺

想要被你所愛，這種**「要求回報的心情」正開始逐漸消散。**他心中只剩下純粹的愛。「我喜歡你這個人」，這種平靜無聲的想法此刻正彷彿雪溶化後的清水一般湧上心頭。

兩人今後的發展

雙方心裡都會產生**想要將過去種種付諸流水的心情。**到時你們既不會再反覆爭吵，尷尬的感覺也會煙消雲散。只不過，可能會稍微覺得愛情熱度冷卻下來了。

那個人現在在做什麼？

他正在努力「放下」。也許是正在接受惹怒自己的對象跟自己道歉。還產生一股想要原諒自身愚蠢的念頭。也有可能是在認真打掃、收拾環境，**整理自己的個人物品。**

我們有一天會復合嗎？

若能互相原諒彼此的過錯，你們就有機會再續前緣。將憤怒、失望、悲傷等情緒付諸東流，試著向他展露笑容吧！但內心某處仍留有芥蒂的話，則代表為時尚早。**等待能夠原諒的時機到來吧！**

那個人的心是否只屬於我？

此刻的他正為你獻上全心全意的愛。只不過，這裡說的是他的「心」。他不會就此斷絕與其他女性接觸。他認為就算不這麼做，自己的心也是屬於你的，所以沒關係。

—17 星星—
人生篇

工作好累——以後會越來越好嗎？

沒有出現符合期待的成果讓你很失望吧？然而，你的內心正在發生變化。即使在某些部分不能如願以償，你是否依然覺得**「我果然還是喜歡這個」**呢？這樣的想法一定會支持你的。

人際關係好煩——有解決辦法嗎？

最好**別再期待對方會主動改變了。**如果你覺得自己已經這麼做了，就代表在內心某處可能還仍留有一絲希望。只要把期待值歸零，不管和哪種人相處都可以處得很好喔！

莫名感到空虛——是少了什麼？

無法對「不會實現的夢想」徹底死心導致你踏不出下一步，因而備感空虛。**要不要把「過去」一次清空呢？**透過斷捨離使房間煥然一新，或許就邁向未來了。內心也會得到淨化喔！

好想被拯救——我該做什麼？

盡情哭吧，你大可繼續哭到眼淚流乾為止。雖然不必拋棄希望，但也不能一直抓著希望不放。不要自己設法解決，默默凝視遙遠的星光，同時把一切都交給時間吧！

我的未來——接下來會發生什麼事？

「清算的時刻」即將到來。你應該可以**擺脫桎梏，把期待、失望以及仇恨都付諸流水**，再次找回那顆純潔的心。在看到下一個希望之前稍作休息似乎也是個不錯的選擇。

THE MOON

18 月亮

THE MOON.

憂慮不安或疑神疑鬼
使人心慌的，
是在「月亮」詭異升空的夜。
有太多東西是我們看不到的。

看不見的恐懼 ● 疑神疑鬼 ● 不安 ● 不信任感 ●
緊張刺激 ● 不想面對的現實 ● 尚未確認

每日篇

給今天早上的你

莫名**感到心慌可能是因為有「未知的體驗」在等著你。**但不曾經歷過的事就好比「黑暗火鍋」。大家一起嘻嘻哈哈地享受不知道會從看不到內容物的火鍋裡夾到什麼的刺激感也不賴。大膽挑戰吧！

給今天晚上的你

你可能被困在疑神疑鬼的情緒當中無法自拔，但是對不知道的事情**產生不必要的懷疑有礙心理健康。**到了明天，你會看到更多「明確的事」。別放出不確定的消息造成大家的混亂。

那個人今天的心情

他的心情焦慮，靜不下來。也許是正在一邊擔心對方會做出什麼決定一邊等待。而且**他還懷疑可能會有親近的人背叛自己。**因為沒有「可以相信的事物」而擔心受怕。

關於今天的決定

今天很難給出正確答案。就算決定了什麼，等到明天你可能還是會想要反悔。因為**在判斷依據中沒有「足以採信的訊息」。**別把聽來的評價當成唯一根據，多做點功課吧！

關於今天的工作

不提出「證據」就無法取信於人。這樣非但不能打動對方的心，而且也不會做出成果。**「該怎麼做才能讓對方相信自己？」**把思緒集中在這點上仔細想想。你一定可以克服弱點！

那個人對你的感覺

他很不安，**不確定能不能相信你**。覺得要是被你的笑容吸引，帶著那種意思接近你的話，你會回答：「明明人家不是那個意思啊……。」害他顏面盡失。你們需要慢慢建立信任。

兩人今後的發展

繼續這樣下去，總有一天，你們也許再也無法信任彼此。到時候不管說什麼都沒用了。你們會覺得「反正對方都在說謊」，恢復信任變得難如登天。從現在開始思考對策吧！**請你展現自己的真心。**

那個人現在在做什麼？

他正過著搖搖欲墜的每一天。或許是工作看起來永無止盡。問題看起來也毫無進展。可是，現在的**他可能把未來想得太糟糕了。**情況一定不會壞到那種程度。

我們有一天會復合嗎？

若是由你主動懇求復合，「相信對方的心」也許就回不來了。**要擔心你會疲於反覆追問「你真的喜歡我嗎？」**而無法邁向幸福結局。所以說，現在就先等對方主動開口提出復合的要求吧！

那個人的心是否只屬於我？

就算我說「是」，你一定也不相信吧！因為這是一張代表「疑神疑鬼」的牌。**有太多看不見的部分才是問題所在。**請不要把在意的點擱置不管，提出來問問他吧！

— 18 月亮 —
人生篇

工作好累——以後會越來越好嗎？

折磨你的是「就算努力也可能不會得到回報」這種疑神疑鬼的想法。因為這麼想，你才會提不起幹勁也做不出成果。**試著相信「努力必定會有所回報」吧！你會充滿鬥志喔！**

人際關係好煩——有解決辦法嗎？

「搞不好又會遭到背叛」，這種猜疑在心裡揮之不去。不要相信對方才會受到比較小的打擊。這招很聰明。但也可能是「反正你會背叛我」的偏見招來了這種結果。真是難搞。

莫名感到空虛——是少了什麼？

你缺乏「確定的事物」。**工作和戀愛有很多不確定因素，**可以信賴的人又越來越少，再加上生活作息也不固定，長此以往，身心只會每況愈下。在日常生活增加例行公事，先讓生活穩定下來吧！

好想被拯救——我該做什麼？

面對現實吧！想要減肥的話，就得限制卡路里攝取；想獲得幸福的話，就必須停止自暴自棄、好好珍惜自己才行。你自己應該心知肚明。**千萬不可以視而不見。**

我的未來——接下來會發生什麼事？

任誰都會在人生中遇到一段宛如「驚險刺激的電影」的時期。不必對也會降臨在你身上的這個時期過度恐懼，享受其中吧！**這樣才能過上與無聊相去甚遠的每一天。**而且或許還能獲得意外的好運。

19 太陽

THE SUN.

只要在燦爛的「太陽」光下
將真實的自己展露無遺，
到手的便是
勝利的喜悅。

 Key Word

表現自己 ● 原本的模樣 ● 承認 ● 創作的時期 ●
坦誠的勝利 ● 幸運及喜悅 ● 成功

― 18 太陽 ―
每日篇

給今天早上的你

今天的你將會得到勝利。只要毫不隱藏地把湧上心頭的喜悅表現出來，就可以讓所有人的心都向著你。不需要試探或策略。只要保持坦率真誠的自己就已經夠有魅力了。

給今天晚上的你

請你解放自己、坦露真相。有所隱瞞會讓內心永遠無法放晴。若是想要引人注目，最好順從這份心情。不過，請不要扮演「好人」，**表現出原原本本的自己吧！**

那個人今天的心情

他的內心一片晴朗。鬱鬱寡歡的日子已經過去，現在的他不但非常樂觀，對於自己想做的事情也日漸清晰。因為有**強烈的「自我表現慾」**，可能還會想要致力於創作活動。

關於今天的決定

在心情完全定下來之前，最好先等一下。假如**還有某些部分尚未明確的時間點做出決定，之後恐怕會覺得「我好像搞錯了」。**再過不久，很多事就會變得一目了然，等到那個時候再決定吧！

關於今天的工作

請你大膽一點。哪裡錯就改哪裡等等，只靠這種虛應故事的處理方式並不能得到期望的結果。試著澈底改變作法、考慮**採取冒險的手段**等等，充滿創意的工作方式才是今天的正確答案。

戀愛篇

那個人對你的感覺

他覺得和你互動非常有趣。除了可以讓自己保持坦率之外，被你用肯定的話語認可自己的主張或感性更是令他喜不自勝。他**想要你再多誇誇他、多認同他。**

兩人今後的發展

你們會進入充滿創造性的階段。**兩個靈魂的結合可能會逐漸創造出某種新的事物。**一起度過的時間成為最幸福的時光。各種有趣的話題或靈感源源不絕，怎麼聊都聊不膩。

那個人現在在做什麼？

「不然做做看這個怎麼樣？」他靈光乍現，正為了這個點子興奮不已；也可能會發生**某件事情讓他深刻體會到自己很有才華**，並對此感到無比喜悅。總而言之，他的心情絕佳。

我們有一天會復合嗎？

發現不是只有自己殷殷期盼這天的那個瞬間終於要來臨了。原本那尷尬的氣氛不知所蹤。**兩人睽違已久對彼此露出無憂無慮的笑容。**當這一天來臨時，復合指日可待。

那個人的心是否只屬於我？

他應該會用一句強而有力的「當然啊！」來回答你吧！**沒有任何事情有必要隱瞞你**，如今的他甚至覺得對你死心塌地是一件很驕傲的事。他很高興自己可以這麼愛你。

─ 19 太陽 ─
人生篇

工作好累──以後會越來越好嗎？

失敗為成功之母。倘若現在的你認為自己「實力不足」，那正是成功的好兆頭。因為不對自己的實力過度自信，**坦率「認輸」**也是邁向成長的一步。來，就從這裡開始努力吧！

人際關係好煩──有解決辦法嗎？

可能是對你抱有偏見。好像有人看不起你，認為過度為大家考慮而沒有把自身實力發揮出來的你是一個沒用的人。**是時候了，請你發揮真正的實力。這些人會對你另眼相看喔！**

莫名感到空虛──是少了什麼？

你缺乏從內在湧現的活力。與其想東想西，不如試著動動身體。「心情不好所以動不了啦……。」說著這種話是沒辦法打起精神的。**只要動起來，心情就會隨之振奮！**空虛感也會跟著一掃而空。

好想被拯救──我該做什麼？

丟掉「做不到想做的事情」這種偏見吧！就算沒有足夠的時間或金錢，一定還是有只要多下點功夫就能做到的事。**覺得自己沒有能力或精力其實只是你妄自菲薄。**只要去做就做得到。真的。

我的未來──接下來會發生什麼事？

會發生很不可思議的事。可能**會有令人難以置信的好運、成功或喜悅從天而降；**或是有讓你心想「我竟然有幸能和這種人交往」的戀情在等著你。帶著期待的心情等候吧！

20 審判

天使吹響號角，

喚醒亡者，

那才是「審判」的時刻。

來吧，重來的機會到了！

 復活 ● 復合 ● 舊愛復燃 ● 復興 ●
脫胎換骨 ● 再次挑戰 ● 重新來過

─20 審判─
每日篇

給今天早上的你

今天似乎會上演意想不到的復活戲碼。早在很久之前就放棄的**夢想或理想會再次湧上心頭**；或是會遇到把一直沒機會派上用場的衣服、工具或技能拿出來用的場合。

給今天晚上的你

請找出埋藏在你房間裡的「寶藏」。把一直收著沒用的東西挖出來吧！**在記憶裡面也有「寶藏」**。只要回頭看看日記或部落格，就會從中發現你現在正好需要的智慧。

那個人今天的心情

他感覺現在就像是在等待上天的審判。該做的都做了，剩下的或許就只有一邊祈禱會有「好的結果」，一邊等待社會或公司內部給予評價。對生活及工作的熱忱也在逐漸提升。現在是復活的時刻。

關於今天的決定

你可以把一度否決掉的點子再拿出來。若是正在苦惱要在兩個選項當中選擇哪一個的話，就請你選不是第一志願的那一個吧！因為那裡才有**讓人生重新復活的鑰匙**。

關於今天的工作

要不要恢復以前的作法呢？也許那個時候進行得不太順利，但這次搞不好會成為**打破現狀的一步棋**。此外，若是收到老交情的客戶或同事捎來聯繫，對方很有可能是**幸運使者**。

戀愛篇

那個人對你的感覺

愛火正在重新復燃。好似昔日的熾熱情感如今又再次從心底咕嚕嚕地不斷湧出。不過,這也可能是代表憤怒、不滿等情緒的復燃。總之可以確定的是,原本已經沉澱的心情又激動了起來。

兩人今後的發展

假如你們正分隔兩地,現在就是時候要復合了。你們會再次重逢,互相確認這份愛有多麼特別。最近爭執變多的伴侶也可能會因為想起過去的回憶而找回當時的愛。

那個人現在在做什麼?

他似乎正在享受與懷念之人的重逢時光。可能會聊到當時的工作,意氣相投地決定「要再一起做點什麼」。或者,也可能會再次迷上以前沉迷過一段時間的遊戲或漫畫。

我們有一天會復合嗎?

這是代表「復活」的牌。你的願望將會實現。只不過,那是在完全結束以後的事。這張牌上畫著失去生命的亡者死而復生的模樣,所以也可以拋開留戀,試著去談其他戀愛。復合是在那之後的事。

那個人的心是否只屬於我?

回想兩人一路走來的種種歷程,使他的迷惘逐漸撥雲見日。他開始覺得,你才是那個值得他全心全意託付真心的人。用令人懷念的話題讓他的心更離不開你吧!

─20 審判─
人生篇

工作好累──以後會越來越好嗎？

因為你具備實力，只要能努力撐過目前的低潮，就一定會迎來「復活的時刻」。**下一次，光芒會再次照耀在你身上。** 提振士氣需要閱讀描述「從低潮谷底翻身」的書籍。

人際關係好煩──有解決辦法嗎？

大家應該是把你對他們的好意或恩情忘得一乾二淨了。但是再過不久，他們就會回想起來，而且**還會非常後悔用隨便的態度來對待你。** 靜候那一刻的到來吧！

莫名感到空虛──是少了什麼？

再做一次「那個」吧！「那個」指的是以前曾令你深深著迷的事物。假如因為膩了而停止的話，請務必繼續下去。**你會再次感受到樂趣並湧現活力。** 也可以重新開始學習才藝或用功念書。

好想被拯救──我該做什麼？

你之所以會墜入絕望的深淵，是因為失去了什麼吧？唯有找回那件事物才能重新復活。不要因為覺得沒有希望就放棄掙扎，要不要再試試看？開始**為奪回重要的工作或愛情而戰吧！**

我的未來──接下來會發生什麼事？

即將發生復興。就跟二十年前流行過的服飾又重新開始流行起來一樣，讓你興奮大喊「那個時候的我又回來啦」的時期將會來臨。那也許是**第二次「桃花期」或「工作的全盛時期」。** 真令人期待！

THE WORLD

21 世界

「世界」總有一天會大功告成。
為了在那一刻來臨之前
堅持不懈，抓住所有機會，
讓我們繼續跳舞吧！

 完美 ● 結束 ● 最佳時機 ● 運氣超強的
日子 ● 完美協調 ● 獲得回報 ● 多樣性

─ 21 世界 ─
每日篇

給今天早上的你

有「**看不見的力量**」正在運作。今天應該不管做什麼都會很順利吧！可是，這是因為「運氣好」。別忘了你並不是全憑實力。驕矜自喜會害自己被命運女神拋棄。

給今天晚上的你

這張牌是**今晚可以掌握絕佳時機**的暗示。看是要申請某個活動也好、聯絡在意的對象也好。對方說不定會一臉開心地回答你：「哦！剛好我也有事情要跟你說……。」

那個人今天的心情

他現在相當滿足。今天的他應該對「只要不奢求太多，人生就能過得心滿意足」這個真相深有體悟。他也很有成就感。**應該很想找個人跟自己一起慶祝喔！**

關於今天的決定

選擇什麼不是重點。**重要的是時間點。**「就是現在，我應該這麼做！」假如你有這種感覺，請一定要付諸行動。這個決定肯定會為你帶來好運。舉棋不定時先別輕舉妄動。

關於今天的工作

關鍵在於讓「世界」和「自己」保持協調，抓住偶然的好運。盡量放輕鬆，把注意力集中在周遭的動靜。這樣才會有好事發生，譬如**偶然聽見有助於成功的話題**。

THE WORLD

戀愛篇

那個人對你的感覺

他感受到幸運的存在。開始發覺認識你、愛上你這個人正在逐漸為他自己的人生帶來「好運」。**也就是說，你是他的幸運女神！**這是他發自內心的真心話。

兩人今後的發展

你們將會迎接完結。「遇見這個人真是太好了」、「愛上這個人真的太好了」，在產生這種感覺的瞬間來臨時，你或許會潸然淚下。**這是感受到所有辛苦終於得到回報的幸福時刻。**

那個人現在在做什麼？

他正準備放上最後一片拼圖。也許是工作的期限迫在眉睫，正在進行最後的收尾。因為是很重要的步驟，還請你默默地守護他吧！等到結束之後，**將會迎來可以大肆慶祝的那一天。**

我們有一天會復合嗎？

兩人之間的關係之所以會畫下句點，**原因在於「你們在不該在一起的時間在一起了」。**這一次，你們一定可以抓住對的時機。如果是現在的話，你們應該會在所有人都能給予祝福的時期成功復合吧！

那個人的心是否只屬於我？

他**打算這輩子只愛你一個人。**然而，這張牌並不保證永遠的愛，只不過是向你展現他此時此刻的心情罷了……。得意忘形的話，愛情當然會消失殆盡。別忘了謙虛地為對方奉獻。

—21 世界—
人生篇

工作好累——以後會越來越好嗎？

至今為止，你一直非常努力。這些努力尚未得到回報是一件令人心酸的事。然而**這個世界只有堅持到達成目標的那一刻的人才是贏家**。現在只能繼續努力。一步步往成功邁進吧！

人際關係好煩——有解決辦法嗎？

完整的世界中包含不完整的人。正是因為人的類型五花八門，這個世界才會多采多姿。原諒那些讓你不知所措或滿肚子氣的人吧！很快你就會意識到**他們也是你世界裡不可或缺的一員**。

莫名感到空虛——是少了什麼？

機會來臨時，所有事情都會獲得解決。雖然不能讓那個瞬間提早降臨，但你可以相信——**「種種苦難得到回報的時刻」終將來臨**，請相信「未來是充滿希望的玫瑰色」！

好想被拯救——我該做什麼？

你不可以躲在家裡、足不出戶。應該要在廣闊的世界上四處活動。因為「幸運女神」總是在世界各地來回穿梭，對恰巧在場的人露出微笑。**繼續行動直到獲得救贖為止吧！**

我的未來——接下來會發生什麼事？

能對至今為止的努力給予肯定的時刻即將到來。「我會談那段戀愛、做這份工作，全都是為了這個啊！」面對讓你產生這種想法的感動大結局，靈魂會為之顫抖。**而你一定也會明白自己誕生的意義。**

Q

答案沒有打動我……
我該重新抽牌嗎？

A

有些人會煩惱這個問題：
「當出現的結果沒有打動我時，
是不是重抽一張會比較好呢？」

我的答案是「NO」。
雖然再抽一張也沒關係，但是這種時候，
其他牌的答案也不會帶給你任何感觸。

這種情況大多發生在
你對塔羅牌的期待
並非「具體的建議」。

這就類似於：
你明明只是想要朋友聽你抱怨，
對方卻提出建議說：「那這樣做不就好了嗎？」
讓你覺得：「我明明只是想要你安慰我啊……。」

所以說，當塔羅牌的答案沒有打動你時，
與其抽另一張牌，
我更推薦「參考看看其他項目的答案」。

舉例來說，即便是在「莫名感到空虛——是少了什麼？」
這個項目的內容沒有引起共鳴的時候，
搞不好也能對「給今天晚上的你」所寫的話產生認同。
一定要試試看喔！

Minor Arcana
WAND

什麼是權杖？

除了大阿爾克那之外，小阿爾克那的花色
（圖案）之一「權杖」一共有十四張牌。每張
牌上都畫著「棍棒」作為「精神性」的象徵。
這些是跟熱情、力量或活力有關的牌。

權杖1

用力握住
冒出新芽的樹枝，
那隻手充滿熱情。
打算一定要貫徹到底。

Key
Word 熱情或戀情的開端 ● 產生活力 ●
精力充沛 ● 靈光乍現 ● 抗壓性

─權杖 1─
每日篇

給今天早上的你

今天會出現渾身充滿力量的瞬間。那是你的內在能量正在逐漸增強的證據喔！如果是現在，你一定可以突破所有難關。也去**挑戰那些原本認為「不可能」的事吧！**

給今天晚上的你

今晚的你鬥志滿滿。可是**這股能量未必能維持到明天。**就算下定決心「明天一定要做那件事」，也很有可能一到隔天就沒動力了。做得到的事情應該要立刻著手進行。

那個人今天的心情

他正迫不急待地想做點「什麼」。因為就連他自己也不知道那是「什麼」，焦躁的感覺難以抒發。若你提出有趣的建議，他可能會大喊「就是這個」並欣然接受。提出可以痛快大玩一場的點子吧！

關於今天的決定

只要事情讓你有觸電的感覺，你大可開始動手，不必猶豫。假如有些地方讓你難以釋懷的話，就延到之後再決定吧！此外，追求喜歡的人也請你要帶著滿滿的朝氣。**今天不適合提起沉重的話題。**

關於今天的工作

活動身體有助於產生能量及靈感。別一直坐在書桌前絞盡腦汁，不如去散個步吧！像是整理倉庫、收拾書桌等等，做些要用到身體的事情，評價也可能會有所提升。

戀愛篇

那個人對你的感覺

這是一張宣告「熱情的開端」的牌。假如你們認識之後還沒過多久，代表對方正開始對你萌生情愫，說不定**會從這裡開始有飛快的進展**。因為對方也可能會主動出擊，先等等看吧！

兩人今後的發展

結果，你們仍然渴求著彼此。這張牌暗示，即使發生衝突，只要回歸原點，**就會回到「我果然還是喜歡這個人」的心情**。到時候就不要再翻舊帳了，用相遇當初的態度來對待他吧！

那個人現在在做什麼？

他正在感受活動身體的喜悅。可能正在從事某種運動，或是在觀賞運動賽事。**他並沒有在思考困難的事。**倒不如說，他正在放空大腦，盡情享受此時此刻的身體感覺。

我們有一天會復合嗎？

不論是動之以情還是曉之以理，他的心都回不來了。你需要做的是**讓他再次對你一見鍾情**。假如他一見到你就覺得「你果然很棒」的話，你們就會順利復合。努力提升自己吧！

那個人的心是否只屬於我？

他說不定還沒到達會發誓「我只愛你」的階段。不過，他對你的愛現在正在迅速成長。**在這個階段表現出占有慾會影響愛情的成長，造成歪斜扭曲**，因此還請多加留意。

—權杖 1—
人生篇

工作好累——以後會越來越好嗎？

若你為了萎靡不振的幹勁痛苦不堪，就代表**絕佳的恢復期即將到來**。你會帶著和當初一樣的強烈鬥志，全神貫注地投入到工作當中。假如不曾有過這種心情的話就換工作吧！去尋找自己想做的事。

人際關係好煩——有解決辦法嗎？

周遭的人跟不上你的成長速度才是問題所在。和只會老調重彈的人相處的痛苦應該已經讓你受夠了吧？加入那些有一顆年輕的心的人吧！你會找到同志的。

莫名感到空虛——是少了什麼？

你是不是盡做一些讓大腦很累的事？是的話，請你也動動身體吧！當身心融為一體時，你應該會感覺到有一股能量逐漸盈滿自己的體內。試著**把動手看得比動腦更重要吧！**

好想被拯救——我該做什麼？

請你做自己想做的事。例如「不准貪玩」、「也不准浪費」等，像這樣試圖壓抑能量會害自己喘不過氣。請為從內心冒出嫩芽的**慾望「新葉」補充營養，幫助它成長茁壯。**

我的未來——接下來會發生什麼事？

即將到來的是生命力的恢復期！身體上的不適或許會日漸痊癒。**心理層面的低潮也會順利朝康復邁進。**如此一來，你會想讓自己變得更有精神。應該會形成良性循環。

權杖 2

眺望遠方

不但會找到興之所向，

還會湧現野心及壯志。

把注意力轉向遼闊的世界吧！

 寬宏的視野 ● **縱觀世界** ● **征服慾** ●
胸懷大志 ● **尚未到手的事物**

─權杖 2─
每日篇

給今天早上的你

你最好認真計劃今天一整天的行程會比較好喔！ 就算是假日，今天也不是隨便起個頭就會有令你滿意的結果。「我想用今天一天來達成什麼？」請你先想好這個問題再開始行動。

給今天晚上的你

倘若此刻的你正在為「人生的方向」苦惱，今晚正是適合思考的時候。回顧自己過去的所作所為，想想有沒有一條路可以善用這些經驗。另外，**以寬宏的視野縱觀全世界**也會有幫助喔！

那個人今天的心情

他想慢慢思考自己接下來該做什麼。因為不想被人打斷思緒，所以沒什麼心情參與社交。不過，如果是會幫助他更進一步思考、**「善於傾聽的人」，那他非常歡迎喔！**

關於今天的決定

今天適合決定以長遠的眼光來看會有收穫、讓自己變輕鬆或有益的事。要是有事情必須審慎思考的話，就在今天**預留思考的時間吧！** 靈感將會從天而降。

關於今天的工作

受限於眼前的利益可能會害你判斷錯誤。也不要整天只想著把工作快速解決。**跟會賦予你遠大展望的人商量會有好事發生。** 你會看見未來的藍圖，並藉此取得成功喔！

那個人對你的感覺

他似乎有**想和你長久交往下去**的想法喔！他覺得這會是一場認真的戀愛，也有考慮要攜手共度未來。但正因如此，他會謹慎行事。可能也有很多無法輕易決定的事。

兩人今後的發展

你們會進入思考兩人以後將前往何方的階段，或許會**討論「對將來的想法」**，或者，對方會訴說自己的夢想，確認是否能得到你的贊同。

那個人現在在做什麼？

相較於回首過往，**他更致力於想像未來。**也許正在為下一個的工作制定企劃，或是在思考「要搬家搬到哪裡」、「要怎麼度過這個夏天的假期」之類的事。

我們有一天會復合嗎？

你再度於對方描繪的未來藍圖裡登場的那天即將到來！他或許會意識到，**若是身邊少了你的陪伴，他好像就沒辦法實現自己的夢想了。**他會再次向你主動靠近。

那個人的心是否只屬於我？

他正在注視著未來。假如與你之間的關係已經變得千篇一律、缺乏變化，就要擔心他的心移情別戀，要注意唷！反之，**若是擁有兩人共同追逐的未來夢想，那他的心就是屬於你的。**

─ 權杖 2 ─
人生篇

工作好累──以後會越來越好嗎？

因為不確定自己的目標方向，你才會搞不懂自己在做什麼，只覺得疲勞感越來越重。不過，你就快看見願景了。**一旦確定好目標，你就會慢慢不覺得做苦工是在吃苦了。**

人際關係好煩──有解決辦法嗎？

可能是因為沒有發號施令的人才會發生混亂也說不定。**把能夠指示眾人「選擇這一邊」的人拉進群體，**或是由你來擔任這個角色怎麼樣呢？搞不好意外適合你喔！

莫名感到空虛──是少了什麼？

看不見未來的展望會造就空虛感。如果你不知道自己想做什麼的話，那就先回想過去吧！**什麼東西是你還沒得到手的？**只要知道這點，就會變得野心勃勃、充滿幹勁。

好想被拯救──我該做什麼？

與其為得不到的東西唉聲嘆氣，不如把目光轉向尚未看見的未來可能性。只要用這種態度生活，你就會找到想嘗試的事。救贖的道路將由此敞開，**雪恥重來也會化為可能。**

我的未來──接下來會發生什麼事？

與必須解決的課題正面交鋒的時期即將到來。你可能會下定決心學習不擅長的事；也可能會為了增加同伴，打算參加別於以往的活動。以堅定意志開始著手的事物一定會邁向成功。

權杖3

凝望船隻航向遠方的人
才知曉世界在不停轉動。
總有一天,他打算
自己也要親自動身。

Key
Word
穩定的狀態 ● 餘裕 ● 未來的展望 ● 夢想
膨脹 ● 堅定不移的自信 ● 今後的策略

―權杖 3―
每日篇

給今天早上的你

你可能會產生一種**差不多想要前往下一個階段**的心情。由於目前的工作或生活已經穩定下來，因此出現空檔可以思考其他事情或未來的事。仔細考慮要怎麼計劃吧！

給今天晚上的你

請你試著預測今後的發展。之後可能會有什麼樣的事情發生在自己身上？若是覺得**自己缺乏將來會需要用到的事物**的話，就請你開始制定取得那件事物的策略吧！

那個人今天的心情

比起現在，他更關心將來的事。在與你的戀愛關係上，他關注的也不是下次約會的內容，而是開始在意起將來要怎麼做。**他想針對今後的事情跟你討論一次。**

關於今天的決定

請選擇就長遠的眼光來看是「正確」的事。最好別被眼前的利益吸引上鉤。試著動手去做一些可能不會立刻發芽的事情有助於你在將來獲得成功。請務必開始動手吧！

關於今天的工作

今天的你思緒清晰。把雜務放到後面，先處理重要的工作吧！今天也是能流暢地判斷「比起這個，那個才是正確答案」的日子。你可以**對自己給出的答案抱持自信，採取行動吧！**

戀愛篇

那個人對你的感覺

他對你是認真的，認為從今往後也會繼續和你長相廝守、永不分離。碰巧此刻的他正在摸索未來。**他覺得會遇見你也是某種緣分**，並且由衷感謝這份好運。

兩人今後的發展

你們不但會**漸趨穩定**，還會慢慢變得能夠對兩人的未來抱持燦爛的希望。然而，也可能會出現對兩人今後的發展過於樂觀的部分。要是遇到某種障礙，就請你也好好地面對現實吧！

那個人現在在做什麼？

他在研究接下來想要購買的商品，正在請人估價或查詢想要的商品資訊。另外，他也可能在思考旅遊計畫。無論如何，**他的心都面向著未來的方向。**

我們有一天會復合嗎？

倘若在你注視的未來裡面有他的身影，就可以相信終究會有那麼一天。請具體想像**你希望自己在復合的時候是什麼模樣。**只要能看見理想，夢想就會變得更容易實現喔！

那個人的心是否只屬於我？

他的心或許永遠都屬於你。至少在現在這個時間點，他的心已經做好這樣的打算了。**他有以後也只愛著你一個人的覺悟**，而且這樣的將來在他眼裡看來也是至高無上的幸福。

—權杖 3—
人生篇

工作好累──以後會越來越好嗎？

再過不久，你就會看見「工作上的未來展望」。光是眼前的工作就讓你筋疲力竭的日子即將結束。現在的自己處在什麼位置？**該做什麼才能有所成長？這些你都會慢慢了解。**野心也一定會再次浮現。

人際關係好煩──有解決辦法嗎？

和需要一直相處下去的人之間的關係，請你一定要好好珍惜。至於跟其他人所發生的紛紛擾擾，你都不用放在心上。你們的緣分將盡。**只有與對你而言有需要的人之間的交流會留下來。**

莫名感到空虛──是少了什麼？

你對五年或十年後的自己有什麼想法？假如只有「就只會變得比現在更老而已」這種悲觀的想法，那正是空虛的原因。要不要試著開始培養**能夠從年齡的增長感受到幸福**的興趣呢？

好想被拯救──我該做什麼？

你可以繼續挑戰。不要覺得「不可能」，儘管放手去做吧！是不是**「不成功就沒有意義」的想法害得你心情沉重**呢？不過，若是能轉換心情，去享受行為本身，你就一定會得到救贖。

我的未來──接下來會發生什麼事？

你即將展開人生的下一個階段，還會看見「我接下來的目標是那裡」這般的未來願景。到時候，生活會開始發生變化。**你會打算結束那些對未來沒有幫助、浪費時間的活動。**

Minor Arcana

FOUR of WANDS

權杖 4

裝飾得五彩繽紛的拱門以及
熱情歡迎你的少女。
這些都是對你至今的所作所為
開心得心花怒放的證據！

Key Word 符合期待的結果 ● 慶祝完工的派對 ●
款待 ● 滿足 ● 戀愛穩定期 ● 順利做出成果

124

—權杖 4—
每日篇

給今天早上的你

會出現得知到昨天為止的工作確實取得成果、為此開心不已的場面。與心愛之人的關係也會順利進行，感覺人生正在按照自己的期望前進。**今天會想要在享受此時此刻的和平中度過。**

給今天晚上的你

不論是愛情還是工作，應該都有「令你滿意的部分」。儘管如此，假如你還是覺得心情低落的話，**那是因為你是一個充滿野心的人。**「下次要做出更好的結果！」這樣的願望正在悄悄萌芽。

那個人今天的心情

他的心情非常愉快。覺得人生雖然有痛苦的時候，但是也有好的時候，甚至**還想稍微慶祝一下。**他也許正想著要是有人可以幫他策劃一場類似慶功宴的活動就好了。

關於今天的決定

就今天而言，選擇一條平穩的路是正確答案。雖然冒險也沒關係，但**請避免風險太高的選項**，選擇確實能在人生當中取得「成功」的活動吧！決定購買想要的東西，你不會後悔的。

關於今天的工作

請以完成為目標。如果是你的話，一定做得到！不要消極地覺得「今天之內應該沒辦法吧……」。**只要有心就能完成**，而完成之後，快樂的時光就會來臨！評價也會大幅提升喔！

那個人對你的感覺

他覺得**你很歡迎他**，似乎對此感到非常高興。應該還發生過某件事情，讓他覺得自己的價值受到你的肯定。他想要從今以後也一直跟你保持良好的關係唷！

兩人今後的發展

總而言之，現在是「事情暫且告一段落」的時刻。**吵架或爭執也接近尾聲。** 不過，這或許並不是你們兩人的終點。道路還在向前延伸。然而可以確定的是，你與他的關係會有令人開心的進展。

那個人現在在做什麼？

他可能正在參加某個慶祝的場合。 工作的慶功宴、婚喪喜慶的相關事宜，或是正在參與這些「慶祝活動」的籌備工作。一邊重視與周遭的人之間的關係一邊行動。

我們有一天會復合嗎？

那一天即將到來。唯有「復合」那一刻，才是**能清楚感受到兩人相識意義**的歡喜時刻。等他回來的時候，請你給予他最熱情的款待。用笑容而非淚水來迎接他吧！

那個人的心是否只屬於我？

這張牌代表「穩定的熱情」。**他對你的愛火一直都在熊熊燃燒，未曾改變。** 他不會隨隨便便就移情別戀，所以你儘管放心。他也有感受到你對他的一往情深喔！

人生篇

工作好累――以後會越來越好嗎？

能夠從自己的工作當中確實獲得滿足感的那一刻一定會出現。雖然在那之前的過程中也會遭遇辛苦或障礙，但符合期望的結果出現的時刻終將到來。**你大可相信會有光明的未來。**

人際關係好煩――有解決辦法嗎？

你感覺有人不歡迎你，正是這件事使你的內心深受折磨。不過，**大家很快就會發現你帶來的報酬非常可觀**。到了那個時候，你就會受到大家的熱烈歡迎了。

莫名感到空虛――是少了什麼？

充滿幹勁的日子和提不起勁的日子，兩者之間的落差是你感到空虛的原因。你**「想更持久地施展力量」**，對嗎？既然如此，就把這件事情當成目標吧！請努力摸索可以穩定發揮實力的方法。

好想被拯救――我該做什麼？

你現在該做的事只有一件，那就是更集中精神在之前持續投注熱情的工作或戀愛對象身上並**取得成果！**你是不是覺得獲得救贖的道路只有這條？是的話，就請你再拼一下吧！

我的未來――接下來會發生什麼事？

能夠抵達自己一直以來視為目標的夢想，這樣的**「祝福時刻」即將到來**。還會發生值得慶祝的事。不過，你應該會發現這還只不過是中途而已。說不定會看見更宏大的願景。

權杖 5

只要數人齊聚一堂

就會發生衝突。

請將之視為理所當然，

不要逃避，加入論戰。

 Key Word　鬥爭 ● 不平衡 ● 看法分歧 ● 衝突
不斷 ● 眾人合力嘗試並逐步改進

—權杖 5—
每日篇

給今天早上的你

可能會發生爭論。要是以為自己一定會得到所有人的贊同，就很有可能會期待落空。一併**做好遭到反對的覺悟**吧！只要勇於表達意見、參與論戰，就能貫徹自己的主張。別擔心。

給今天晚上的你

你似乎對親近的人有話要說。可是，即便向他發洩不滿或怒氣，從對方那裡收到的也只會是**「既然你這樣說，那我也不客氣了」這種反駁。**今晚先靜下心來好好睡一覺才是正確答案喔！

那個人今天的心情

他正在氣頭上，抱著**「要吵就來吵，誰怕誰啊」的心情，**因此若是受到抨擊，他就打算奉陪到底。然而他內心某處好像也很害怕沒有人願意為自己助陣。快告訴他你是站在他這邊的吧！

關於今天的決定

塔羅牌說，**你有即使會發生唇槍舌戰也必須要爭取的事物。**不要卻步，最好抱著會吵起來的覺悟來處理事情。反之，不要選擇「感覺不值得爭取的事物」才是正確答案。

關於今天的工作

你或許會遇到重重難關。尤其在讓其他人接受自己的想法上會特別辛苦。但是逃避辯論會導致評價降低，這麼做相當危險。**請明確表達自己的意見，告訴其他人「我是這麼想的」。**

戀愛篇

那個人對你的感覺

他對你是認真的，**打算即使要和別人爭得你死我活也要得到你的心。**就算你們兩個已經在一起了，他還是不放心。他似乎覺得自己還沒有完完全全地獨占你。

兩人今後的發展

你們可能會發現彼此的目標方向不同，產生矛盾。正因認為雙方都在朝著同樣的未來前進，才會更受打擊，**想要責備對方。**可是這樣只會變成難看的「互相指責大賽」。試著互相理解吧！

那個人現在在做什麼？

他有可能**被捲入了某種對抗。**例如職場上的權力鬥爭、團隊裡的成員內鬨等等，問題相當嚴重。他沒辦法自己一個人置身事外。正使盡全力想解決這場糾紛。

我們有一天會復合嗎？

如果你們是吵架分手才結束的話，請重新審視吵架的原因。**假如你覺得「都是對方的錯」，那就還沒辦法重修舊好。**問題在於雙方的期待或希望沒有達成一致。只要放下這件事情就會看見未來喔！

那個人的心是否只屬於我？

無數的競爭對手都想說自己才是他的最愛。被捲進這種鬥爭可能會迷失他的心。「**不管誰是你的最愛都無所謂，**我都愛你。」請你保持能夠平心靜氣地說出這種話的自己唷！

人生篇

工作好累──以後會越來越好嗎？

此刻的你正處在一個艱難的時期。但只要順利挺過這場戰爭，就一定會在前方看見你所追求的理想。**這是一場「有價值的戰鬥」**，所以勇於參與競爭吧！面對壞心眼的對手也不要認輸。

人際關係好煩──有解決辦法嗎？

大家是找不到方向吧！因為缺少帶頭的人，眾人的心沒有凝聚在一起。可是**與其對強者唯命是從，倒不如將各自的意見拿出來辯論。**你也有能力闡述己見，所以堂堂正正地一較高下吧！

莫名感到空虛──是少了什麼？

說不定是因為太和平了。發生一點小小的爭執或許恰好可以幫助你的精神恢復朝氣。**插手干涉別人的衝突**可能也是不錯的方法。可以試著聯繫以前的朋友喔！

好想被拯救──我該做什麼？

要不要試著戰鬥呢？不停挨打卻不還手，實在只會讓悲慘的情緒一直維持下去。你不需要發動攻擊。**只要明確地告訴對方「住手！」「我討厭這樣！」**，情況就發生改變。

我的未來──接下來會發生什麼事？

直覺意識到「要想進入下一個階段就無法避免衝突」的時刻即將到來。在那個瞬間，你會變得非常強勢。可能會和大家一起挺身而出，展開**為了讓問題邁向解決而發起的鬥爭。**

權杖 6

沒有什麼比得上勝利的喜悅！
抬頭挺胸通過
為自己高聲歡呼的群眾面前時，
感受到的唯有歡喜。

Key Word 贏家●獲得榮耀●接受讚揚●取
得結果●第一個勝利●情緒激昂

—權杖 6—
每日篇

給今天早上的你

今天應該能**成功解決截至昨天的問題**。在一天將要結束的時候，你會一邊沉浸在滿足的情緒當中，一邊開心地踏上歸途吧！不過，並不是所有問題都解決了。邁向下一個問題的那天應該就快到了。

給今天晚上的你

就只有今晚沉浸在「榮耀」之中也不為過吧？ 你一直以來真的很努力了。現在你依然順利地在通往夢想的路上大步前進。偶爾享受一下慶祝小小勝利的時光吧！

那個人今天的心情

今天的他非常肯定「自己絕對沒錯」。而且還感覺到衝突即將進入尾聲，心情似乎變得非常愉快。他也很想從你那裡得到稱讚。**對他說聲「你好厲害」吧！**

關於今天的決定

今天是**做出的決定可以受到眾人讚賞的日子**。今天決定購買的衣服會得到「很適合你」的好評；決定從今天開始著手進行的工作或興趣，最後一定會聽見其他人的大力讚揚。

關於今天的工作

今天會有很好的表現喔！大家會開始遵從你的指示。今天是你可以盡情施展手腕的日子。但是要小心那些因你發光發熱而心生嫉妒的人。**注意別為自己製造不必要的敵人。**

戀愛篇

那個人對你的感覺

他覺得自己成功讓你的心歸他所有，整個人洋溢著快樂的情緒。**有一種彷彿成了人生贏家般的驕傲感。**可見他有多麼想得到你。他正因為願望成真而感到心滿意足。

兩人今後的發展

在未來等著你們的只有喜悅！沒有任何一絲不安的陰影。塔羅牌暗示願望成真的時刻即將到來。兩人的心意終於互相重疊、合而為一，**朝著正式交往或結婚的方向前進。**

那個人現在在做什麼？

他可能正趕著要去參加在某處舉行的盛大宴會，或是正在和團隊內部的成員一起為工作上的進展舉辦小小的慶祝會。他的心情非常好，所以你可以試著聯絡他。**應該會聽到他用愉快的聲音回應你。**

我們有一天會復合嗎？

勝利正在慢慢靠近，這點無庸置疑。接下來，他即將跨越一道「人生的關卡」。到了那時，**他一定會用充滿驕傲的表情來迎接你。**他會變得比以前更強壯可靠。

那個人的心是否只屬於我？

贏的人是你！**競爭對手都被你打敗了。**他的心已經是你一個人的了。就算以後又出現更多人想要搶走他的心，你一定還是會繼續穩坐在「贏家」的寶座。

——權杖 6——
人生篇

工作好累——以後會越來越好嗎？

在困難前方有掌握「成就感」以及「榮耀」的未來在等著你。**在這裡半途而廢就太可惜了！**你視為目標的方向並沒有錯。秉持著信念繼續前進。請別放棄。

人際關係好煩——有解決辦法嗎？

每個人都希望自己是第一名。然而現實卻未必能如願以償，因此才會對其他人投以「嫉妒」等扭曲的情緒。此刻的你或許也正受到他人妒嫉，**但不必在意，保持這樣勇往直前吧！**

莫名感到空虛——是少了什麼？

最近你的人生缺乏**品嘗勝利的喜悅。**可以試著參加競賽，或是幫為了輸贏燃燒生命的人加油打氣。只要和大家一起分享獲勝那個瞬間的興奮感，**心情一定就會豁然開朗。**

好想被拯救——我該做什麼？

請繼續堅持直到達成目標。拯救你的是你自己的努力。**「終於來到這裡了！」**只要這一刻不出現，你就不會得到救贖。你的靈魂一定沒有在追求廉價的安慰或情緒的宣洩這些東西。

我的未來——接下來會發生什麼事？

將榮耀握在手中的時刻即將到來。心無旁鶩、認真累積修養的過去會獲得回報，**成功拿下一場勝利。**這件事會化為動力，你會追求更進一步的勝利向前邁進。

權杖7

將逐漸抬頭的勢力
壓制住的戰鬥萬分艱辛。
要想保住位置
就只能竭盡全力。

 保衛戰 • 違逆趨勢 • 抵抗 • 出乎預料 •
切勿掉以輕心 • 處理客訴 • 被迎頭趕上

每日篇

給今天早上的你

可能會收到計畫之外的任務。說不定沒有時間做好萬全的準備，**只能匆匆忙忙地應對。**在處理客訴或不滿時也要謹慎行事。最好仔細問清楚對方生氣的原因。

給今天晚上的你

你也許沒能對今天發生的事情做出滿意的處置。不過，你已經很努力了。**即便是在令人措手不及的場面你也處理得相當得宜**，今天這樣就夠了。請讓疲憊的心好好休息吧！

那個人今天的心情

為了處理眼前發生的事情而手忙腳亂可能害他變得有點易怒。他或許看起來很不開心，但**並不是在對你生氣**，所以你大可放心。暫時先遠遠地守護他吧！

關於今天的決定

可能沒有時間讓你慢慢來了。要是不趕快做出決定，想要的東西就會變得很難到手。另外，在人際關係上，**今天擺出「防禦的架式」才是正確的決定。**與其進攻，不如轉攻為守。

關於今天的工作

恐怕有痛苦的發展在等著你。**如果你以為自己的地位很安全可就大錯特錯了。**整天悠悠哉哉、不知進取可能會被後進或後續出現的品牌超越。現在應該要為了好好守住地位發憤圖強。

戀愛篇

那個人對你的感覺

他的內心非常慌張,覺得你可能對態度不清不楚的自己心存不滿,氣得想破口大罵:「你到底想怎樣!」雖然不想被你討厭,但**想避免被你追問到底才是他的真心話**。

兩人今後的發展

假如你覺得你們已經進行得很順利了,就有可能出現意料之外的發展。也許會發生**讓你們深刻體會到彼此還有很多地方沒能互相理解**的情況。可是一旦度過這個難關,你們的感情就會更上一層樓。

那個人現在在做什麼?

他正在為了守住自己的立場而戰,也可能正在拼命工作以防遭到對手領先。總而言之,**現在的他「正忙得不可開交」**。很可惜,他應該沒有多餘的心力花時間逗你開心。

我們有一天會復合嗎?

你想復合的對象可能是一個很受歡迎的人。要把一個接一個出現的**競爭對手趕跑不會很累人嗎?**假如你不排斥這種苦差事再次回到你身上的話就沒關係。如果是你,一定會成功的。

那個人的心是否只屬於我?

現在是這樣沒錯。但**情況或許不容大意。**不斷向對方展現你的魅力才是關鍵所在。要是仗著他愛你就稍有疏忽,就會有人從中介入,試圖把他的注意力轉向自己。

人生篇

工作好累——以後會越來越好嗎？

你感覺自己從四面八方遭到攻擊。**不管是公司的內部還是外部，到處都是敵人⋯⋯。**即使在這種情況下依然在拼命奮鬥的你很了不起。只要能在這裡確立自己的地位，將來就會一帆風順。繼續加油！

人際關係好煩——有解決辦法嗎？

看來是寡不敵眾啊。孤軍奮戰很辛苦吧？去尋找願意成為你的同伴的人，或試著後退一步吧！**聽從眾人的意見**或許會催生出讓這裡待起來變得比現在更舒適的情況喔！

莫名感到空虛——是少了什麼？

問題每天都接二連三地從天而降⋯⋯。**一直被追著跑的感覺**害你得不到充實感。不妨試著決定好要在哪一天休息，將所有聯繫都隔絕在外吧？這樣一定可以恢復精神。

好想被拯救——我該做什麼？

重要的東西就只能靠自己的力量來守護。儘管辛苦，但若是在這裡放棄「為爭取想要的事物而戰」，就算暫時會覺得很輕鬆，最終還是會感到非常失望。即使想要稍作休息，**也請你再努力一下。**

我的未來——接下來會發生什麼事？

你即將展開為了守護愛情、夢想或自身地位的戰鬥。請趁現在及早意識到有人想要奪走屬於你的東西。這樣應該就**不會被對方殺得措手不及。**事先做好心理準備吧！

權杖 8

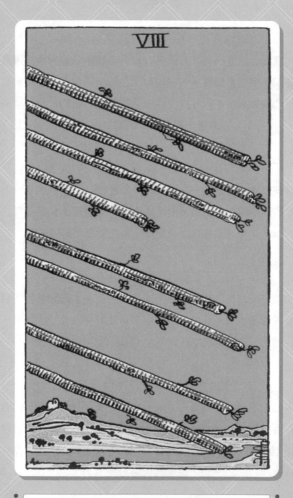

明明不動的時候毫無動靜，
一動起來卻速度飛快！
現在是人生恰如「一帆風順」
這句話所言發生轉變的時期。

進展神速 ● 事物的變遷移動 ● 刻不容
緩 ● 想法達成一致 ● 開始發展的戀情

—權杖 8—
每日篇

給今天早上的你

各種事情**都會一帆風順**。你應該會驚訝於「原來事情竟然也能發展得這麼順利」。這種時候,你只要跟隨命運的腳步前進就可以了。不要去想多餘的事情。

給今天晚上的你

愛情或工作或許在今天出現了一連串突如其來的發展。你應該因為很多事累壞了吧?雖然你可能會覺得就像機會的大門忽然敞開了一樣大吃一驚,只要以這個步調前進,**你的夢想應該很快就會實現囉!**

那個人今天的心情

今天的他很急性子。強烈希望事情順利進行,**不想要有任何人來打擾他。**在這樣的日子裡向他搭話十分危險。請等他主動採取行動。他應該一忙完就會聯繫你了。

關於今天的決定

感覺對了的事情可以立刻決定。拖拖拉拉可是會錯失良機的喔!不過,**若是有想要聯繫的人,就請等待直覺出現。**在你覺得「就是現在」的瞬間聯絡對方才能把握最佳時機。

關於今天的工作

今天要抱著**「速度」比「品質」更重要**的心態來工作。就算出錯,只要之後再修正就好,不要吹毛求疵。此外,今天也是要珍惜與他人交流的日子。如果有人來找你商量或拜託事情,請馬上回應。

戀愛篇

那個人對你的感覺

他對你的愛意突然急速升溫。就連他自己也不明白為什麼會這麼心急。他也知道自己這樣可能會讓你摸不著頭緒。可是**他現在一心只想著要約你出去。**

兩人今後的發展

停滯期即將結束。**所有事情都會順利地步上軌道。**也可能會突然增加很多見面機會，或成功把握機會告訴對方想說的話。接著，你們就會一帆風順地進入「兩情相悅」的階段。

那個人現在在做什麼？

他也許正以飛快的速度前往某個地方，或是正在跟別人進行協商。雖然他可能身處在難以取得聯繫的環境，**但失聯的情況並不會持續太久。**你應該很快就會收到他的消息了。

我們有一天會復合嗎？

就算之前一直毫無動靜，接下來也進展神速。**讓兩顆心交疊在一起的機會來臨了！**但是躊躇不決恐怕會害你錯失良機。如果你真心想復合的話，就不要遲疑，直接撲進對方的懷裡吧！

那個人的心是否只屬於我？

他似乎沒空去想到除了你以外的異性。不過，他現在有很多必須以最快的速度處理的事情也是事實。這可能會讓你覺得非常寂寞。但是他的心在你身上，別擔心。

—權杖 8—
人生篇

工作好累——以後會越來越好嗎？

你可能正開始厭倦目前的工作，但發生變化的時刻即將來臨。你會再也沒有時間感到無聊。這段時期也是**你的實力受到考驗的時間**。提早精進自己的實力吧！

人際關係好煩——有解決辦法嗎？

現在的你應該會看著對方的缺點吧？會覺得「我跟他一點也合不來」也是因為這個原因。但原本是一盤散沙的心凝聚在一起的時刻就快到了。從那時起，**你看他的眼光會變得截然不同。**

莫名感到空虛——是少了什麼？

你已經對望著一成不變的風景度過每一天感到厭煩了吧？**要不要去一個陌生的地方呢？**只是逛一逛陳列在市場上的新奇商品就會讓心情煥然一新！請安排遠行的計畫。

好想被拯救——我該做什麼？

要不要試試看把每天的行程塞得滿滿的呢？這樣你就不會有空胡思亂想，**也會有更多機會遇到願意拯救自己的人。**各種問題轉眼間就被一一解決，人生會變得非常輕鬆。

我的未來——接下來會發生什麼事？

會有突如其來的展開。**單調乏味的每一天突然就變得不一樣了。**而且一定還會出現你期待已久的發展。而陷入停滯的戀情、找不到方法實現的夢想也會有令人開心的進展。

權杖 9

明明已經苦不堪言

卻仍堅持繼續努力

是拜不屈不撓的精神所賜。

但要注意，不要逞強！

Key Word　小心翼翼 ● 警戒 ● 畏懼 ● 不相信 ● 身心受創 ● 無法澈底死心 ● 不信任感

─權杖 9─
每日篇

給今天早上的你

你似乎正在迎接一個鬱悶的早晨。這是因為你有預感，今天會過得很不順利。但是一切都已經準備就緒。**只要去嘗試，說不定就會有好的結果。**雖然需要謹慎一點，但也不要過度消極。

給今天晚上的你

今晚的你身負重傷。治好身心的混亂或傷痕才是當務之急。就算繼續逞強，**光是保護自己就已經精疲力竭。**為了贏得愛情或成功，你需要恢復到可以施展全力的狀態。

那個人今天的心情

今天映入他眼中的只有「敵人」的身影。**他覺得任何人都不可信。**認為所有人都想搶走他的時間或資產，因此充滿戒備。就連說話也會不小心變得很尖銳。

關於今天的決定

今天是會忍不住想選安全牌的日子，但這個決定應該不能令你滿意。到了明天，你很有可能會想：「果然要是再大膽一點就好了……。」**如果不急的話，也可以延到之後再做決定。**

關於今天的工作

今天是很難將實力百分之百發揮出來的一天。你是不是累積了很多疲勞呢？**狀態不好的話，重要的工作就改天再做吧！**今天就先專心處理不用花體力和精力的工作。這樣的日子也是有必要的。

戀愛篇

那個人對你的感覺

他現在很疑神疑鬼。也許很擔心自己會再次被你傷害。於是，他在心裡築起一座堡壘，**保持自我防衛的態度不敢鬆懈。**最好稍微給他一點時間，等他內心的傷口癒合吧！

兩人今後的發展

你可能會發現你們之間還沒培養信賴。雙方的內心某處都在害怕對方會甩掉自己或傷害自己。**相信對方的心並非一蹴可幾。**請不要慌張，慢慢培養這段感情吧！

那個人現在在做什麼？

他擔心會出現問題，正在提高警覺，小心行事。就像是「雖然已經可以回家了，卻還是為了預防萬一而留在公司」這種感覺。因為最近問題接連不斷，**他才會忍不住想著「搞不好還會發生什麼事情」。**

我們有一天會復合嗎？

首先，請你先療傷。**他的言語或態度傷到你了。**在這道傷痕完全癒合之前，你一定無法對他敞開心房，這樣就沒辦法把你的魅力傳遞給他。努力康復吧！

那個人的心是否只屬於我？

我了解你如此盼望的心情。然而現在你的**內心某處是不是沒有完全相信他呢？**最好把真相確認清楚。不妨試著向他打聽看看那個讓你疑神疑鬼的人吧？

—權杖 9—
人生篇

工作好累——以後會越來越好嗎？

若是有人傷害你的自尊或內心，也許離開這個職場會比較好。**一直帶著傷口也會導致努力的意願降低。**假如你想繼續待下來的話，那就小心一點吧！請提高戒心。

人際關係好煩——有解決辦法嗎？

要讓折磨你的人得到懲罰或許很困難吧！話雖如此，但你也沒辦法馬上離開。這種情況真令人難受。請你用最大程度的警惕保護自己。**不要敞開心扉，小心翼翼地和對方相處吧！**

莫名感到空虛——是少了什麼？

你沒辦法回到那個天真無邪的自己。擔心**「萬一又被傷害的話該怎麼辦」**，無法相信他人。現在這樣就好，你會慢慢放下戒心。到時候，空虛感也會跟著消失喔！

好想被拯救——我該做什麼？

現在最好貫徹消極的態度。認真保護好自己吧！**要展開下一場冒險還為時過早。**畢竟之前的傷口還沒有痊癒。在尋找下一場戀愛或下一份工作之前，先讓心好好休息吧！

我的未來——接下來會發生什麼事？

你很勇敢！**你會重新回到那個令你一再受傷、心力交瘁，最後選擇撤退的戰場。**這次你一定會謹慎行事，既不會重蹈覆轍，也熟知「戰鬥方法」。但是大家很擔心你。別忘了那些守護你的人。

權杖10

是自尊心作祟？還是固執己見？

明明只要一根根分開來搬就好，

這個人卻抱著十根棍子發愁。

他已經快到極限了。

 Key Word 背負太多工作的人 ● 艱難的每一天 ● 瀕臨
極限 ● 忍受龐大的壓力 ● 錯綜複雜的問題

─權杖 10─
每日篇

給今天早上的你

有沒有什麼事情讓你光是想到就心情沉重？或是**覺得事情太多，令你不知如何是好**。請把事情拆開來看。只要把必須解決的課題一條一條列出來，你就會看出端倪了。

給今天晚上的你

「只能忍耐了……。」你抱著這種悲痛的決心迎接夜晚的來臨。但是現在的你獨自背負了太多重擔。把一、兩個問題交給其他人也沒關係吧？**請你也試著考慮依賴身邊的人。**

那個人今天的心情

今天讓他感受最深刻的是疲憊感。他垂頭喪氣地想著：「若是不在這段時間休養身心，**自己可能就快到達極限了**……。」他還覺得自己負責的工作增加太多，讓他處理不完，正在思考今後的對策。

關於今天的決定

請不要太相信自己。「這點小事沒問題啦！」抱著這種想法安排吃力的行程或申請鉅額貸款是很危險的。即使剛開始勉強撐過去了，**之後也會變得越來越辛苦**。別忘了保留彈性空間。

關於今天的工作

請避免把所有工作混在一起同時進行。要是不腳踏實地一件一件慢慢處理，就要擔心沒有完成的工作會堆積如山，壓力大到難以負荷。首先，應該要**先想想一天可以處理的工作量**。

戀愛篇

那個人對你的感覺

他好像想太多，甚至連很久以後的事情都考慮到了。因為他深深認為**必須給你一輩子的幸福**，感覺自己就快被這股龐大的壓力給壓垮了。看來你需要讓他找回一顆輕鬆愉快的心喔！

兩人今後的發展

可能會有走進死胡同的感覺。你們似乎對彼此抱有過多的期待。也把情緒分散到其他人身上吧！假日也要和朋友出去走走，煩惱則是和家人商量看看。**試著提醒自己不要只依賴他一個人吧！**

那個人現在在做什麼？

他正為了有太多自以為必須做的事情而大傷腦筋。雖然腦袋裡想著「要這樣、要那樣」，身體卻沒有好好實行，因而度過了一段沒有意義的時間也說不定。**他的精神現在相當疲憊。**

我們有一天會復合嗎？

要不要拋棄「直到復合為止我絕不放棄」這種強烈的想法呢？若是維持這種心態，**你的愛可能會變得過於沉重**，導致對方難以全數承受。注意不要造成對方的壓力。

那個人的心是否只屬於我？

他的心是你一個人的唷！正因如此，他才會想用那種方式獨占你。請務必小心，別讓愛情束縛彼此。**真正的愛是很輕盈的。**以互相認同對方的自由為目標吧！

人生篇

工作好累——以後會越來越好嗎？

一路以來，你承擔了許多工作，從不敷衍了事，認真努力到現在。工作會集中到這麼了不起的你身上是理所當然的。不過，你可能快到極限了。應該**至少有一件工作是可以放手的吧？**

人際關係好煩——有解決辦法嗎？

你一直忍著想說的話沒說，對吧？可是你應該也很清楚，這樣並不能解決問題。或許是時候告訴他了。就算做不到將所有的不滿全部說出來，至少也要試著說出一件。

莫名感到空虛——是少了什麼？

你顯然是缺乏休息。解放自己脫離義務或重擔，保留可以盡情享受自由的時間。否則內心的肌肉很可能會變得硬梆梆的，喪失情感……。**別忘了自己並非不死之身。**

好想被拯救——我該做什麼？

你是不是想一口氣解決所有事情？只要你不是超人，那就是天方夜譚。請把盤根錯節的問題梳理開來，逐一解決。首先，**請先處理家裡的雜務吧！**你一定會很驚訝，光是這樣就會讓心情變得很輕鬆。

我的未來——接下來會發生什麼事？

可能會遇到壓力重疊的時期。要是想把家裡的事和工作上的事都做到完美無缺，就會在某個地方到達極限。最好考慮一下**偷工減料**、找人幫忙或**延長期限**等等會比較好。

權杖侍從

PAGE of WANDS.

秉持驕傲與熱情工作的侍從
侍奉偉大的主人。
他深信這就是自己的使命,
心中沒有迷惘。

被 賦 予 的 使 命 ● 使 者 ● 真 摯 的 心 ●
被 信 賴 的 喜 悅 ● 有 憧 憬 的 對 象 ● 順 從

─ 權杖侍從 ─
每日篇

給今天早上的你

今天應該可以毫不猶豫地採取行動。或許是因為有人會下達指示，告訴你「這樣做才是最好的」；又或者是因為你的心現在非常真誠，**能夠相信自己以及身邊的人。**

給今天晚上的你

今天的你很幸福。雖然修行可能才剛剛開始，但未來的前途一片光明，能夠更靠近憧憬對象的道路也在眼前慢慢浮現。剩下的**只有以一顆真誠的心勇往直前。**什麼都不必擔心，安穩地睡一覺吧！

那個人今天的心情

他感覺內心的種種疑惑盡數消失，還看見了自己今後的使命。因此，**他久違地有一個好心情。**打算這段時間要默默耕耘，並且相信這麼做可以開創未來。

關於今天的決定

今天恰好是做決定的黃道吉日。你今天決定「去做」的事，往後一定會付諸實行，並且朝著達成目標邁進。不過，被周遭反對的事情另當別論。**避免做出得不到支持的決定會比較保險。**

關於今天的工作

只要按照指示完成工作就可以了。**遵循工作守則會讓所有事情都順利進行。**萬一在某個地方卡住了，那就再重新看一遍指示書或說明書吧！你會發現自己有哪裡搞錯了。

戀愛篇

那個人對你的感覺

他對你的心意毫無迷惘。對於兩人的未來也不覺得悲觀，相信「你們會很順利」。只不過，他似乎**正在等你給出「前進訊號」**。暗示他你想要他約你出去吧！

兩人今後的發展

在兩人行進的道路前方等待著你們的是充滿希望的未來。你們或許還遠遠稱不上是「完完全全地互相理解」。但神奇的是你們卻可以不發生誤會，順利地彼此相愛。

那個人現在在做什麼？

他什麼疑問和不滿都沒有，正專心埋頭於工作或興趣之中。很高興自己在一點一點慢慢進步，有機會成為很厲害的專家。他絲毫不打算傾聽周遭說的話，**只想相信自己繼續努力。**

我們有一天會復合嗎？

倘若復合對你們來說是正確的路，自然就會出現這種發展。現在**請你懷抱純粹的希望，想著「要是這樣就好了」**，把注意力集中在自己身上。但要是有其他異性出現在你面前的話，那也是命運的安排。

那個人的心是否只屬於我？

他的熱情現在正毫無雜念地朝著你的心傾瀉而下。他的雙眼只注視著你，想要竭盡所能地**為你奉獻**。只要你一聲令下，他願意為你做任何事情。這絕對不是在誇大其辭。

— 權杖侍從 —
人生篇

工作好累——以後會越來越好嗎？

剛開始從事現在這份工作時，**什麼樣的人讓你心生崇拜**，想要變得和他一樣呢？是做事俐落，受大家尊敬的人嗎？現在的你正在慢慢變成這樣的人。付出的種種辛苦也一定會得到回報。

人際關係好煩——有解決辦法嗎？

像小弟一樣被人使喚有時候也讓你覺得很不甘心吧？但是，**你是備受疼愛的**。願意提拔你的人遲早都會出現。總之現在先努力為大家犧牲奉獻才是正確答案。

莫名感到空虛——是少了什麼？

說不定是因為沒有憧憬的對象才讓你感到如此空虛。去尋找你希望未來的自己可以變成那樣的人吧！為了達到這個目的，不要只和同年齡層的人互動，**與老一輩的人交流應該也是不錯的選擇**。

好想被拯救——我該做什麼？

無論如何都要獲得他人的信賴。請你把這件事情當成目標。只要有更多人覺得可以相信你說的話，就會有更多利益、喜悅或好運降臨到你身上喔！試著繼續提供有用且正確的資訊吧！

我的未來——接下來會發生什麼事？

你會遇到可以建立信任關係的人。只要相信他並跟隨他的腳步，一定會開創出美好的未來。但**就算只有一點，相信讓你覺得不太對勁的人就是錯的**。別搞錯託付的對象。

KNIGHT of WANDS

權杖騎士

KNIGHT of WANDS

倘若膽識與熱情
滾滾沸騰，
就趁這熱度冷卻之前
盡情衝刺吧！

 Key Word 血氣方剛 ● 強烈渴望 ● 鬥爭心 ●
沒有耐心 ● 登上顛峰 ● 以成功為目標

─ 權杖騎士 ─
每日篇

給今天早上的你

今天你的心裡會湧現熱情。在某個瞬間，你會想著「任誰都無法阻止這個念頭」。這種強烈的心情會讓你沒有餘力去顧及他人。**順從本能全力衝刺才是今天的正確答案。**

給今天晚上的你

你今晚可能沒有半點睡意。甚至覺得頭腦越來越清醒，想要立刻動手去做想做的事。俗話說「擇日不如撞日」，請你採取行動吧！**憑著一股衝動開始談戀愛也不是一件壞事。**

那個人今天的心情

今天的他相當急躁。內心燃起熊熊烈火，使他認為要壓抑自己的慾望是不可能的事。他也具備執行力，所以沒辦法靜靜待著什麼都不做。而且**他對慾望也很誠實**，應該根本不會隱藏自己對你的熱情吧！

關於今天的決定

今天應該**朝著想做的事情全力奔馳**。雖然腦袋裡想著「也許謹慎一點會比較好」，但是你的心應該已經停不下來了。只要帶著熱忱向前衝，本來以為不可能的道路也會被你打開。請你試試看吧！

關於今天的工作

今天的你勇往直前、無所畏懼。既可以說服難搞的對象，**也有辦法突破難關。**只不過，你的注意力會降低。別因為無聊的失誤導致評價下滑，只有這點還請多加留意。

戀愛篇

那個人對你的感覺

他激動澎湃的心意即將滿溢而出。**無論如何，他就是想要你！** 但你應該看得出來，他根本沒有在考慮後果。不過他的氣勢驚人，你可能會被他牽著鼻子走。

兩人今後的發展

如果你們現在氣氛正好，這張牌代表**愛情的進展會加快速度。** 修成正果的那天應該就快到了。反之，假如你們是一對有問題的情侶，爭吵就可能會日漸頻繁。要擔心很容易把怒氣發洩在彼此身上。

那個人現在在做什麼？

他的鬥爭心正在熊熊燃燒。**可能正在全心全意地投入競賽**，或是把精力用來打敗某個人。若是他一點消息都沒有的話，你可能就需要耐心等待直到他獲勝的那一天。

我們有一天會復合嗎？

你們難道不是因為一時氣憤而分手的嗎？**其實你們一定都還愛著彼此。** 應該很快就能恢復原狀了。不過隨便亂搭話的話還會再吵起來。等待彼此的失望或怒氣冷靜下來也不是壞事。

那個人的心是否只屬於我？

現在的他非常認真。**只要是為了得到你，他甚至不惜出賣靈魂。** 你不需要懷疑他的「專情」。但是，我可不能保證這份專情會持續到永遠喔！愛情來得快的人去得也快，這也是事實。

人生篇

工作好累——以後會越來越好嗎？

你會重拾熱情。勉為其難完成最低目標的日子會突然宣告結束。接著，你會開始朝著成功全速前進。或許是因為**能夠從事讓你覺得「無論如何都想成為第一名」的工作吧！**

人際關係好煩——有解決辦法嗎？

你應該已經受夠被任性妄為的人耍來耍去了吧？也許釋放怒氣的時候終於要到了。不過，一切將會無法復原。如果你不介意的話，就該試著頂撞對方。**應該可以狠狠地教訓他一頓。**

莫名感到空虛——是少了什麼？

釋放不出霸氣是因為**你沒有「想要爭取的事物」。**最近的你應該很滿足。如果不是這樣的話，那就有可能是因為你放棄了夢想。要消除空虛感，試著再次追逐當時的夢想是最好的作法。

好想被拯救——我該做什麼？

任性一點吧！要顧慮到每一個人會讓你無法前進。的確有人會因為你的成功而不太開心。可是，**你有必要跟這種人客氣嗎？**自私地想怎麼做就怎麼做也沒關係吧？

我的未來——接下來會發生什麼事？

你會被燃燒的靈魂驅使，展開全新的挑戰。應該可以渾然忘我地為它拼命喔！你會被沉睡在自己體內、那股熱情的猛烈程度嚇一大跳。而且**可能會有人點燃你心中的愛火！**

QUEEN of WANDS

權杖王后

QUEEN of WANDS.

不隱藏不服輸的心，
不拘泥沒意義的事，
心胸寬厚的王后。
「可靠大姊」的特質深受歡迎。

 為人坦蕩、個性豁達 ● 從不執著 ● 簡
樸 ● 大膽 ● 好勝 ● 尚未落敗 ● 不成熟

— 權杖王后 —
每日篇

給今天早上的你

過度在意細節可是會讓你的魅力無法發揮的喔！今天大膽一點，想到什麼就說什麼、**跟隨腦中閃現的想法去行動**才是最好的。細節只要之後慢慢補上就可以了。

給今天晚上的你

你就是你！請別忘記**你身上有跟其他任何人都不一樣的魅力。**如果你正在拿自己和別人比較、庸人自擾的話，就把那些都忘了吧！今晚開開心心、輕輕鬆鬆地過才是最佳解答。你一定會恢復活力的！

那個人今天的心情

他漸漸覺得，也許可以去做一些大膽的事。以前他總是因為想太多而不能動彈，但現在卻開始想**試著讓自己不再害怕失敗。**他應該很快就會採取行動了。

關於今天的決定

今天最好決定得乾脆一點。即使覺得「想再多考慮一下」，答案也不會有所不同。你最終選的還是你發自內心想做的事。只要做出樂觀的選擇，幹勁也會加倍提升喔！

關於今天的工作

好了啦，小事情就先放到一邊吧！今天的你需要的只有**「豁達的心」以及「不服輸的心情」。**只要帶著這兩樣東西，你就不會誤入歧途，能夠在對的路上前進。前方有令人開心的結果在等著你嗨！

戀愛篇

那個人對你的感覺

他對你的心意沒有任何「隱情」。他最喜歡開懷大笑的你，對抱怨不滿的你不知所措——這是他的真實心聲。他大概是**希望你能一直是那顆照亮自己內心的「太陽」吧！**

兩人今後的發展

你們會漸漸不再有所隱瞞。培養出不管什麼事情都能輕鬆暢談的關係，你和他的心都會越來越開朗。可是，現在不行說謊。不需要說客套話。展現你的真心吧！

那個人現在在做什麼？

他正在和可以推心置腹的夥伴一起度過快樂時光。**即使你主動聯絡，他應該也不會表現得不情不願。**雖然可能正在工作，但是和一群人一起熱絡地交換意見等等，氣氛很和諧，所以沒關係。

我們有一天會復合嗎？

只要你樂觀相信這件事會發生的話就沒問題了。**悲觀並不適合你。**雖然也發生過各種誤會，但他喜歡的是你爽朗的笑容。找回那份笑容，抱著樂觀的心情等待吧！

那個人的心是否只屬於我？

「可以俘虜他的心的人就只有我！」假如你是這麼想的，那就對了！在他身邊沒有任何一個有自信能贏過你的異性，請儘管放心。往後也**繼續以強悍的心把對手一腳踢開吧！**

—權杖王后—
人生篇

工作好累——以後會越來越好嗎？

美好時代的來臨還請你再稍待片刻。即使是在艱困的時刻，你也不會失去希望，**有很多人仰慕這樣的你**，所以你的努力並非一無所獲。只要大家繼續對你寄予期待，你應該就會繼續努力吧！

人際關係好煩——有解決辦法嗎？

你說不定是因為不想輸才會這麼痛苦。認同那些在身為對手的同時也是同伴的人吧！只要**有一顆願意偶爾將勝利拱手讓給對方的豁達的心**，命運就一定會轉向你這邊。

莫名感到空虛——是少了什麼？

你現在缺少的是相信「自己很有魅力」的心情。**儘管謙虛是美德，但有自信也很重要喔！**「雖然有的地方不行，但是這點我不會輸給任何人！」想想這種能令你感到自豪的魅力之處吧！

好想被拯救——我該做什麼？

要不要大膽一點呢？此時慢吞吞地改進自己並不能得到想要的結果。最好發揮**可以果斷拋棄過去、奔向嶄新夢想的過人膽識**。「什麼嘛，原來這麼簡單！」這麼想的那天即將到來。

我的未來——接下來會發生什麼事？

大方展現自我的時刻即將來臨。你或許會發揮獨樹一格的才華，讓無數人為你如痴如醉。**你也不需要再偽裝自己。**越是將天生的魅力如實呈現，就越能在關鍵時刻拿下勝利。

權杖國王

KING of WANDS

帶領眾人走向幸福的
是經驗豐富的領導者。
正因為也經歷過失敗,
才能獲得有用的知識。

Key
Word
可靠的領導者 ● 立於人上的經驗 ●
晉升 ● 提供諮詢 ● 提議 ● 率領眾人

—權杖國王—
每日篇

給今天早上的你

即使是別人的事，假如有什麼是你可以設身處地為對方考慮、提供幫助的話，就請你積極去做。今天你的這種態度會成為從周遭**建立龐大人望的一步**。想要找你商量的事情一定會如雪片般飛來吧！

給今天晚上的你

要是你正在煩惱的話，就回想一下至今為止的經驗吧！你一路上跨越了各式各樣的苦難。在回憶過去種種的過程當中，一定會湧現**「這次一定也能度過難關」**的自信。

那個人今天的心情

他想成為大家心目中的好領袖的心情非常強烈。他想珍惜每一位團隊成員；遇到問題時，也想為他們提供解決的線索。如果是現在的話，就連你去找他商量，他也會爽快地聽你說喔！

關於今天的決定

今天的你不會做出錯誤的決定。假如你正在考慮做出某個大膽的決定，那就會是正確答案。對於今天的你所做的抉擇，未來的你**應該會開心地說：「託你的福，事情進行得很順利喔！」**

關於今天的工作

可能會有機會發揮領袖特質。**不要推辭，覺得：「讓我這種人來決定大事，這樣好嗎？」**而是提出建議：「那不然要不要試試看這個方法？」大家會發現你是一個多麼出色的領導者。

戀愛篇

那個人對你的感覺

他希望自己永遠是那個你所尊敬的他。最近**不怎麼親暱黏人也是為了要維護「尊嚴」**——也就是不想被你看扁的意思。不過，他無時無刻都在注意你的視線喔！

兩人今後的發展

你們會慢慢不再像小孩子般幼稚地吵鬧爭執或意氣用事。你和他**都會努力讓自己成為配得上對方的大人**，所以關係會越來越好，愛情也自然會日漸深厚。

那個人現在在做什麼？

他現在是帶領團隊前進的領導者，正手腳俐落地處理事情。相較於個人利益，能為眾人牟利的事情是他更想做的。**他也可能正在為了你拼命奮鬥**，為他加油打氣吧！

我們有一天會復合嗎？

等那一刻來臨時，你或許會很驚訝**他和以前比起來變得更出色了**。人不管到了幾歲都會持續成長。你也一樣！在重逢之前，請繼續精進自己。復合的那一天就快到了。

那個人的心是否只屬於我？

雖然他的心是屬於你的，但**他現在正忙著處理很多事情**。不但有各式各樣的人在仰賴他，他本人也想把主導權握在自己手上。如果能體諒這點，他應該會非常感謝你吧！

─ 權杖國王 ─
人生篇

工作好累──以後會越來越好嗎？

請不要忘記所有經驗都是你用來提升自身能力的糧食。如此一來，你會步步高升，總有一天會爬到**立於眾人之上的位置。**而且你一定會善用自己的經驗來幫助大家。

人際關係好煩──有解決辦法嗎？

負責帶頭的人脾氣太好，導致自以為是的人越來越多，眾人的心分崩離析。也許帶頭的人應該由你來當。另一方面，如果你正在為一對一的關係煩惱的話，**最好別表現得太卑微會比較好喔！**

莫名感到空虛──是少了什麼？

受人景仰、被人依靠是你活在這個世上的意義之一。然而最近依靠你的人越來越少，讓你覺得有點寂寞。到各個團體露臉、拓展人際關係應該會很不錯唷！

好想被拯救──我該做什麼？

你才是你人生的主宰。**與其聽從他人的意見，不如試著對自己說說話。**「我該怎麼做才好？」只要不斷追問自己這個問題，直覺總有一天會告訴你答案。你會得救的。

我的未來──接下來會發生什麼事？

你可能會在職場上晉升到帶領部下的職位，或是在研討會上站在負責教人的立場。總而言之，**未來的你會受到眾人的仰慕及敬重。**這樣的日子即將到來！長久以來的辛勞終於得到回報了。

Q

這些項目都不符合我想占卜的事……
該怎麼辦呢？

A

本書準備了十五種問題。

戀愛、工作、人際關係以及心靈層面的問題……。
本書在製作上是希望
絕大多數的問題靠這一本就可以得到解決。

儘管如此，人類的煩惱有百百種。
有時難免也會找不到符合的項目。

不過，在每一張牌的圖片下方
都有「牌的涵義」以及「關鍵字」。

我建議各位讀者參考這裡
創造專屬於自己的原創讀牌結果！

舉例來說，假設你正在煩惱
「該不該同時兼兩份差？」

假裝你抽到的牌是「權杖 1」。
閱讀關鍵字的部分，會看到
「精力充沛」、「抗壓性」這些詞彙。

從這些關鍵字裡，你會不會產生一種
就算身兼兩份工作也可以繼續努力下去的預感呢？

就像這樣，請試著善用關鍵字吧！

Minor Arcana
PENTACLE

什麼是錢幣？

小阿爾克那的四種花色（圖案）之一「錢幣」牌上一定都畫著「金幣」作為物質世界的象徵。除了金錢或事業以外，有時也代表腳踏實地、貨真價實的愛情或生活的安定。

錢幣 1

建立穩固基礎的

機會來了！

只要有一個正確的開始，

愛情和財富就都是你的。

 Key Word 　創 造 財 產 ● 未 來 的 願 景 ● 愛 情 的 基 礎
● 對 未 來 的 投 資 ● 回 饋 ● 穩 當 的 開 始

─錢幣 1─
每日篇

給今天早上的你

你今天的收穫是往後的財富「基礎」。**這天學到的事將在未來出現成效**；自己買的或收到的東西將在今後立下大功。今天一天會出現有形以及無形財產。打起精神加油吧！

給今天晚上的你

你似乎感受到很明確的回應。**假如心儀的異性溫柔待你，就可以想成是你很有希望的意思喔！** 在今天的簡報或工作中所感受到的回饋也是貨真價實的。只要繼續努力，就會有碩大的成果。

那個人今天的心情

今天的他把注意力放在現實層面的事情。**他認為現在不是做白日夢的時候**，無法讓心情沉浸在浪漫的氣氛。為了讓現實生活變得更好，他想利用眼前的工作取得成果。

關於今天的決定

今天是購物的好日子。話雖如此，也不要購買沒有物美，只有價廉的商品。就算價格不斐，也要購買具知名度、真材實料的品牌好物。之後可以用很久喔！做其他決定也要**重視「可靠度」**。

關於今天的工作

只要提供有價值的事物就可以得到龐大的報酬。上司也好，客戶也罷，請你仔細判斷**對方想要的是什麼東西**。只要有心就能知道答案，而且那是你拿得出手的東西。

戀愛篇

那個人對你的感覺

「你喜歡他」這件事令他喜不自勝。他感覺你們是兩情相悅，對這段戀情今後的發展充滿期待。不過，他對更進一步則抱持謹慎的態度。**應該是想要避免失誤。**

兩人今後的發展

你們會開始正式交往。認真確認彼此的心意，**答應要交往的那天即將到來。**從這裡開始才是真正的起點！只要慢慢了解彼此的感受、想法及喜好，就會看見更遙遠的未來。

那個人現在在做什麼？

他正在思考未來的願景。可能正準備決定今後的方向；也可能正在和可靠的上司或朋友商量以後的事；或者，也有可能是**在考慮獨立創業，並為此展開行動。**

我們有一天會復合嗎？

你們會重修舊好。下次一定可以成功打造出有別於過去的**「堅若磐石的愛情基礎」。**以前的你們不夠成熟，談戀愛像是在玩扮家家酒。因此才會敗給殘酷的現實，迎來終結。

那個人的心是否只屬於我？

他的心也許還沒有專屬於你，但是正在朝著那個方向前進。他心裡的確出現一種**想要把「全心全意只愛著你一個人」當作目標的心情。**就算會花很多時間，他也打算要這麼做。

—錢幣 1—
人生篇

工作好累——以後會越來越好嗎？

沒事的。會越來越好的喔！你具備如假包換的實力。在目前的工作上，**你才正要開始把這份實力發揮出來！**準備的階段已經結束了，因此剩下的工作是請你繼續默默耕耘，等待大好機會降臨。

人際關係好煩——有解決辦法嗎？

善變的人、只顧自己利益的人、把麻煩事擱置不管的人……你似乎因為各式各樣的人傷透腦筋，但是你就是你。**不需要隨著周遭的人起舞。**切換心情，把注意力集中在自己身上吧！

莫名感到空虛——是少了什麼？

人生變幻莫測，努力只是徒勞——之所以會有這種感覺，是因為你沒有「確實的事物」。然而，一定**有人一直都認同你這個人的存在。**只要想想那個人就會打起精神喔！

好想被拯救——我該做什麼？

要不要找點事情來做呢？就算不是工作，只是興趣也沒關係，總之去學一些**「能夠用到自己的雙手及頭腦的技能」**吧！這個行為會成為拯救你人生的一步。我是說真的，請你試試看吧！

我的未來——接下來會發生什麼事？

會出現符合現實的夢想。不是不曉得會不會實現的白日夢，而是「只要這麼做就會實現」這種有保證的夢想。你會朝著終點展開旅程，隨著腳步前進成長茁壯，慢慢變成很有影響力的人。

錢幣 2

只要以恰到好處的平衡

不停轉動

連接兩側的圓環，

便能收穫豐衣足食的生活。

 齊頭並進 ● 靈活應對 ● 平衡感 ●
適應力 ● 變遷 ● 循環 ● 兼顧

— 錢幣 2 —

每日篇

給今天早上的你

你今天很有可能會同時進行兩件事情。雖然很累，但充實感的部分應該會更為強烈。你還會重新注意到自己有多麼能幹。不要放棄任何一邊，堅持到最後吧！

給今天晚上的你

今天一整天發生了很多事吧？你以**絕佳的平衡感**度過了困難的局面。明天也要保持這股氣勢繼續努力。因為今天的經驗也有一些能派上用場，明天應該可以做得比今天更好。

那個人今天的心情

今天應該會是非常忙碌的一天。他不但不能按照自己的心情來做事，甚至可以說**是他在配合周遭的人**。因此，在一天結束時，他應該覺得累壞了。搞不好會想去喝一杯喔！

關於今天的決定

到底是該做還是不該做呢？就算你這樣想破頭也不會得出「結論」。要不要考慮從最根本的地方重新評估，例如更改日程或重編預算？假如你有兩件想要的東西，**同時把兩邊都弄到手也是可行的。**

關於今天的工作

幹練度會受到要求。**今天是必須兩者兼顧的日子。**儘管同時處理好幾件工作會花掉很多力氣，但你會發現在逐一完成的過程當中出現了驚人的成果。積極挑戰吧！

戀愛篇

那個人對你的感覺

他現在正在思考**自己到底該不該追你。**雖然想了很久都沒有答案，但是只要一下定決心就會立刻出擊。目前的機率大概是一半一半，所以可以再試著推他一把喔！

兩人今後的發展

目前正處於很難出現變化的時期。**無法從相同情況一再重演的狀態當中脫離的痛苦**可能會越發強烈。除非果斷地採取行動，否則就擺脫不了這種狀態。覺得千篇一律的話，就試著拉開距離吧！

那個人現在在做什麼？

他正在被一個接一個冒出來的事情追著跑，也可能**正費盡千辛萬苦設法同時處理好兩件工作。**他的注意力被「當下」搶走，很容易不小心忘記其他事情。如果有約定的話，請聯絡他避免被遺忘喔！

我們有一天會復合嗎？

即便就這樣復合，顯然你們也只會重蹈覆轍。雙方都有所改變才是先決條件。**你們應該各自在不同的地方累積不一樣的經驗。**這樣才能建立出有別於以往的關係。

那個人的心是否只屬於我？

可惜說不上是屬於你的。「工作」和「你」、「家人」和「你」、「自己的事」和「你的事」等等，他的心**正忙碌地在不同的兩點之間來回移動。**目前應該不是可以專心談戀愛的情況。

—錢幣 2—

人生篇

工作好累──以後會越來越好嗎？

也許當個斜槓族同時身兼兩份工作會比較好。現在這份工作不是已經讓你感到厭煩、提不起勁了嗎？**嘗試其他工作不但有新鮮感**，從那邊得來的經驗也會對現在的工作很有幫助。

人際關係好煩──有解決辦法嗎？

顧得了這邊就顧不了那邊……為了讓與好幾個人的關係順利進行下去，你可能費了很多苦心。可是塔羅牌說，你一定辦得到。**同時與兩個團體保持友好也是正確答案。**

莫名感到空虛──是少了什麼？

你是不是討厭忙碌，總是會小心盡量不把行程塞得滿滿的呢？不過，你是個能幹的人。**給自己更多的工作或事情做一定會讓你變得更有精神。**增加副業也會有好事發生。

好想被拯救──我該做什麼？

除了**去適應千變萬化的世界**以外，沒有其他的解決方法。即使祈禱「希望能繼續維持原樣」，變化依然無可避免，因此你也要慢慢改變你自己。唯有提高適應力，才能得到幸福及充實感。

我的未來──接下來會發生什麼事？

變化的時刻即將到來。你或許會一邊維持目前的工作或生活，一邊開始對其他事情投注心力。兩者兼顧雖然辛苦，但也會很充實唷！最後，新的工作或興趣逐漸成熟，而你可能會**把重心移到那一邊**。

錢幣3

此刻，一次工作經驗會呼喚
下一份工作前來敲門。
只要腳踏實地累積信任，
也會孕育出真正的愛。

 學會技能　鍛鍊技巧　構築　增加
累積信任或經驗　有建設性的　得到肯定

─錢幣 3─
每日篇

給今天早上的你

會有某個場景讓你體會到「最後還是只有努力不懈才是追求夢想和幸福的捷徑」。在戀愛方面也會出現覺得與喜歡的人**累積信任或安全感**至關重要的一幕。應該可以因為找到方向而放下心來。

給今天晚上的你

有人拿工作或事情來拜託你是你深受信賴的證明。就算有點疑惑「為什麼是找我？」**也要坦率地為得到肯定感到開心。** 試著接受這份委託會為你帶來好運喔！

那個人今天的心情

今天的他非常想要認真表現，正在努力集中精神默默地處理工作或盡到自己的義務。當中一定也有**想被其他人認同的心情**，所以請對努力的他說一聲「你好棒」吧！

關於今天的決定

今天最好不要選奇怪的東西。 在挑選自己不熟悉的物品時，請教朋友或專家的意見就肯定不會錯。若是草率決定，後悔可能會在事後慢慢地折磨你，所以別這麼做。

關於今天的工作

今天請你繼續付出跟昨天一樣的努力。比起引人注目，**致力於不起眼的工作更有助於提升評價。** 與其在會議上高談闊論，不如把心思放在「製作一份無懈可擊的報告書」。

戀愛篇

那個人對你的感覺

你對他的好感讓他非常開心。不過，他覺得**你現在還在「鑑定」他這個人**。如果真的是這樣的話，他應該想在誠意、幽默感以及付出奉獻等方面得到較高的評價。

兩人今後的發展

應該會慢慢浮現各種**必須確認的問題點**。「雙方的感情是否達成一致？」「有沒有說謊或有所隱瞞？」「對未來有什麼想法？」等等，即將展開逐步討論這些問題的階段。

那個人現在在做什麼？

由於這張牌代表「學習技能」，因此**他應該正在鍛鍊自己工作上需要用到的能力**。就算今天放假，他一定也在保養工具或是閱讀用來學習談判技巧的書籍。

我們有一天會復合嗎？

當然可以復合。因為你們之間有「過去累積的信賴關係」，**只要把扣錯的鈕釦重新扣好就能恢復原狀了**。但匆促行事會導致縫線打結、關係惡化。等待時機到來吧！

那個人的心是否只屬於我？

他目前**正處在學習從一而終的過程當中**。在遇見你之前，他或許從來沒有深深愛過一個人。然而，他對你的心意卻使他內心萌生出「想要學會誠實做人」的意志。

人生篇

工作好累——以後會越來越好嗎？

請提醒自己不要忘了你現在還在修行期間。**贏不過那些比你做得更久的人是理所當然的事。**但是只要一點一點繼續努力，你的能力就會在過程當中得到提升。你一定可以變得非常出色。

人際關係好煩——有解決辦法嗎？

使你猶豫不決、不知該如何應付的情況變多了吧？你有沒有某個擅長與人溝通、讓你想向他看齊的朋友呢？請試著想想：**「如果是他，在這種時候會怎麼處理？」**並效仿他的作法吧！

莫名感到空虛——是少了什麼？

應該是因為**你沒有機會感受到一步步逐漸成長的喜悅**吧！因此，你才會感覺好像每天都在虛度光陰。請試著培養要花時間慢慢體會的樂趣，譬如用心描繪一張張的著色畫。

好想被拯救——我該做什麼？

你是不是累積了很多必須處理的工作呢？可能就是這些事情害你心情鬱悶，所以請解決它們吧！**每處理完一件工作，沉重的心情就會變得輕鬆一點**，重拾樂觀開朗的情緒。

我的未來——接下來會發生什麼事？

應該會有更多可以發揮實力的場面。多虧長久以來的努力，對於已經到達高手境界的你而言，從現在開始是一段**從社會上得到肯定的機會時期**。把精力投注在工作或興趣上是對的。

錢幣 4

站穩腳跟，維持現狀！
如此便能獲得安全感。
但要擔心出現來自周遭的反彈
或千篇一律的情況。

Key Word　占有慾　追求確實性　無法妥協的
想法　保守的　鞏固根基　不想放手

—錢幣 4—
每日篇

給今天早上的你

今天的你相當保守。因為**不想冒險的心情**非常強烈，即使有人推薦令人耳目一新的新玩意兒，你也無動於衷。反之，你有最強的防禦心，絕對不會接近那些威脅到你的地位或財產的事物。

給今天晚上的你

就算是面對順利進行中的愛情或事業，今晚的你或許依然會覺得**「還不能大意」**。無法獲得安全感的原因是什麼呢？試著思考這個問題會讓你冷靜下來，而且一定還會看見明天的目標。

那個人今天的心情

他非常不希望自己的位置被別人搶走。因此他今天很保守，對陌生人的靠近會保持警戒。如果你是他的情人，**他應該也很擔心你被其他人橫刀奪愛**。

關於今天的決定

你為什麼對「現狀」如此執著？請試著再重新想想，你真正不想放棄的東西是什麼呢？之所以這麼問，**是因為擔心堅持維持現狀會引起周遭更大的反彈**。戀愛可能也會變得呆板僵化。

關於今天的工作

今天會出現確實的成果。穩紮穩打地努力耕耘吧！但是請注意一點，不要因為過於追求眼前的結果而忽略周遭的人。**以長遠的眼光來看，保持協調的工作更為重要**。

戀愛篇

那個人對你的感覺

他可能會三不五時冒出一些像是在刺探的話。這是因為此時他的內心**才剛剛開始產生「占有慾」。**他不但想把你占為己有，而且一點也不想放手。他正為你神魂顛倒。

兩人今後的發展

你們會進入穩定期。兩人的愛情會慢慢變得堅不可摧。但若是曖昧的關係一直持續到現在，**就要擔心這種狀態變成常態。**如果有希望對方表明態度的事情，那就是時候做個了斷了。

那個人現在在做什麼？

他並沒有在做什麼特別的事，過得和平常一模一樣。雖然**可能覺得有點無聊**，但他沒有意願去挑戰不熟悉的事物，甚至對度過這種平靜的時光感到心滿意足。

我們有一天會復合嗎？

想讓對方只屬於自己、藉此感到安心的心情或許成了一種阻礙。他現在想要自由自在地過。**如果也能接受不會互相束縛的關係，那麼復合就還有機會**，不過那應該不是你想要的吧！

那個人的心是否只屬於我？

他的心只屬於你，這點無庸置疑，不過要擔心彼此互相束縛的結果會導致你們喪失新鮮感。為了防止感情僵化，也別忘了**要偶爾分開來各自享受自己的時間。**

—錢幣 4—
人生篇

工作好累——以後會越來越好嗎？

確實的成果現在才要開始出現。評價也會慢慢地穩定下來。但假如你覺得很累的原因是「工作內容很無趣」的話，那就考慮轉職吧！從目前的工作**雖然可以得到「安定」，卻得不到「樂趣」。**

人際關係好煩——有解決辦法嗎？

你應該已經厭倦了總是和同一群人重複相同話題的關係了吧？然而，**期待這些老面孔發生改變是在痴人說夢。**像是尋找其他的小團體等等，接觸一些新鮮空氣吧！

莫名感到空虛——是少了什麼？

你是否正過著缺乏刺激的每一天呢？如果是的話，那是你在生活、戀愛或工作上追求「穩定」的結果。就算心裡覺得改變很麻煩，人還是需要一點變化喔！試著挑戰你不常做的事吧！

好想被拯救——我該做什麼？

能站穩自己的腳跟就會得到救贖。要不要**停止追逐不確定的事物**，試著讓每一天都在穩定的節奏當中度過呢？你也需要為能夠自由運用的金錢或時間設下「限制」。

我的未來——接下來會發生什麼事？

想維持現狀的心情逐漸增強。冒險的意願會越來越低，取而代之的是**「一如既往比較好」的感覺越來越強烈。**在那裡雖然有「安定」，但「無聊」可能也會隨之而來。

FIVE of PENTACLES

錢幣 5

為了求助而四處徘徊的人，
他們的內心悽慘落魄。
但是，這是必要的！
不要停止尋求支持。

 不足 ● 財務危機 ● 悲慘 ● 尋求救贖 ●
狀態不佳

—錢幣 5—
每日篇

給今天早上的你

大家都知道空著肚子工作也想不出好點子來，但是今天的你卻忘了這麼單純的事。如果一直提不起勁的話，就先把身心的狀態調整好吧！**別把疼痛或不悅放著不管。**

給今天晚上的你

過度追求並不是一件好事。不管是減肥也好、工作也好，今晚請你在**差不多的地方喊停。**也不要為了今天的失敗責怪自己，在精神上把自己逼到極限。好好休息吧！

那個人今天的心情

他覺得今天缺少很多東西。可能連營養都不太夠。萬一他看起來比平常更焦躁的話，就代表缺乏礦物質或醣類。你能做的是**帶給他充滿營養的食物以及溫柔的話語。**

關於今天的決定

不要「因為迫於無奈而做出決定」。就算自暴自棄也不會有好事發生。除此之外，如果決定要請別人幫忙，就不要強調「自己有多悲慘」。你的心情會變得越來越卑微。

關於今天的工作

明明沒有時間，就不要塞滿一堆工作。此時也要避免被不能賺錢的事情占用時間。你的**能量並非取之不盡、用之不竭。**請確實做到只在重要的事物上使用寶貴的能量。

戀愛篇

那個人對你的感覺

現在的他正渴望著愛情，無法自拔地想要得到你的好感。然而他卻沒有意識到，為了達到這個目的，自己也需要更珍惜你。**他絲毫沒有多餘的心力能付出愛情。**

兩人今後的發展

可能會有飢渴的感覺。要擔心**進入對彼此給予的愛情感到不足的時期。**也許是你們各自會進入一段忙碌期，忙到根本沒空談戀愛吧！在這種時候要盡量避免疏於聯繫。

那個人現在在做什麼？

他正在試圖解決問題。如果他有自己的公司或店面的話，資金周轉可能會暫時性地惡化。這種時候，他應該正忙著籌措額外的資金。總而言之，**他今天不管在財務上或心理上都很緊繃。**

我們有一天會復合嗎？

你覺得大聲拜託他回到自己身邊是一件很悲慘的事嗎？不過，試著告訴他「你真的很需要他」的這個行為是有必要的。**對方根本不知道你的內心竟然這麼痛苦。**

那個人的心是否只屬於我？

假如你主動轉身離開，他一定會認真起來，向你**乞求你的愛**吧！也許他會對你說：「算我求求你，拜託你永遠只屬於我一個人吧！」他就是如此強烈地想得到你的愛。

— 錢幣 5 —

人生篇

工作好累──以後會越來越好嗎？

要是不管你再怎麼努力工作，生活都沒有變得更輕鬆的話，就考慮離開目前的職場吧！你有**權獲得正當的評價及報酬**。而且別忘了，你也有對老闆說「我要辭職」的權利。

人際關係好煩──有解決辦法嗎？

你應該正在為從來不把你要的東西給你的人大傷腦筋吧？他可能是個貪得無厭的人。恐怕會因為太過小氣，**就把屬於你的那一份也占為己有**。試著加強要求的力道吧！

莫名感到空虛──是少了什麼？

你有財務問題嗎？每個人都會擔心未來，但假如你此時此刻正面臨困境，前往靠得住的地方才是正確答案。若在金錢方面沒問題的話，就想想你是否在各種意義上**都太過苛求自己**。勉強是大忌。

好想被拯救──我該做什麼？

請關注自己「不足的東西」。睡眠不足就要好好睡覺；飲食習慣不均則有可能會缺乏營養。只要好好調養身心，就會一併湧出為了解決在工作、金錢或愛情方面的不足而努力的力氣唷！

我的未來──接下來會發生什麼事？

可能會變得非常痛苦。勉強自己會招來惡果。要是這陣子都沒有放假，疲勞就會一湧而出。**必須慎防過度勞動**。如果快沒錢了，就要馬上開始籌錢。別把問題放著不管。

錢幣 6

致力於消弭不平等的人
有一顆崇高的心。
他不會獨享財富或特權，
而是與人分享，為世界帶來和平。

 平均分配 慷慨大方 明智之舉
不差別對待 校正平衡 和平

─錢幣 6─
每日篇

給今天早上的你

你今天該做的事情是**找回平衡**。最近一直在玩的話就去工作；如果一直工作而忽略身體的話就去運動。將倒向一方的平衡重新扶正，「和平」就會再次降臨喔！

給今天晚上的你

你做了對某個人有幫助的事，**所以不必覺得自己把時間或金錢浪費掉了**。你做了好事啊！很多人對你今天的言行舉止心生好感，應該也有人會對你抱持敬意。

那個人今天的心情

他非常想做正確的事。一方面可能也受夠了那些從事不當行為的人。無論對方是怎樣的人，他都想要溫柔以待。當然，今天的他一定也會溫柔待你。要不要試著接近他呢？

關於今天的決定

不要做出不切實際的選擇。**別忘了保持「認清自己的極限在哪裡」的聰明才智。**如此一來，你就一定不會犯下申請無從償還的貸款、挑釁沒有勝算的對手這樣的錯誤，有能力做出正確的選擇。

關於今天的工作

請不要試圖自己一個人解決一切。**每個人都有自己擅長和不擅長的事。**你做得到的，請樂於為他人服務；反之，你不擅長的則不要客氣，直接請別人幫忙就行了。

戀愛篇

那個人對你的感覺

他似乎正在思考自己可以為你做什麼事，覺得自己必須從「當初你原本想要什麼」這個問題開始重新想過一遍。他應該是想要好好回報一直以來從你那裡得到的愛吧！

兩人今後的發展

讓心意重回平衡的時期即將到來。假如只有一方在不斷付出，就差不多是時候該把立場顛倒過來了。你們兩個應該也都覺得，**這種不平衡的關係不能再繼續維持下去了吧！**

那個人現在在做什麼？

現在這個當下的他是一個**「認真負責的好人」**，正在做著儘管並不有趣，但他認為是正確的事。他可能正在孝順父母；也可能正在傾聽顧客的聲音，試圖滿足所有人的期望。

我們有一天會復合嗎？

你們之所以會關係破滅，**是因為兩邊的「心意」無法達到平衡。**他是不是沒能完整回應你犧牲奉獻的愛？還是說，情況正好完全相反？之後會出現導正平衡的機會。你們也許可以復合。

那個人的心是否只屬於我？

很可惜，我沒辦法肯定地說出這句話。因為不管是你、家人、朋友還是工作上重要夥伴，現在的他**想要珍惜你們每一個人。**他認為只重視其中一人會讓自己的人生失去平衡。

人生篇

工作好累——以後會越來越好嗎？

倘若所有工作上的重擔都壓在你身上的話，這種情況就會從現在開始被導正。或者，你會得到**與自己的工作量相符的報酬**。身心都會變得非常輕鬆，湧現努力奮鬥的力量。

人際關係好煩——有解決辦法嗎？

請別人為你做點什麼讓你很有罪惡感嗎？是不是莫名有種被瞧不起的感覺，正在為這種自卑感所苦呢？但是人與人之間是平等的。**總有一天，你會有機會回報對方。**放下心裡的負擔吧！

莫名感到空虛——是少了什麼？

你說不定是對「自己有幫上別人的忙」這件事情缺乏實感。請試著提醒自己要**「不惜一切地付出」**。不管是消息還是零食，比起一人獨享，大家一起分享說不定會比較開心喔！

好想被拯救——我該做什麼？

「有施才有得」這句話也許會拯救現在的你。如果你覺得寂寞的話，**就去安慰寂寞的人吧！**除此之外，把自己的痛苦經歷告訴大家，應該也會有人因此得救。

我的未來——接下來會發生什麼事？

導正「失衡」的機會即將降臨。過於忙碌的人應該終於可以辭掉工作；而如果是缺錢的話則是相反，代表找到工作的那天就快到了。人生一定會恢復平衡，疲勞、壓力及不安也都會慢慢消失吧！

錢幣7

若因為沒出現符合期待的結果
就半途而廢，一切就結束了！
你需要的是停下腳步、面對現實
並制定改善對策的強韌精神。

不滿意的結果　期待落空　經驗不足　失
望　停下腳步　邊試邊改　永不放棄的心

—錢幣 7—
每日篇

給今天早上的你

今天要小心不要奢求太多。否則很有可能因為沒出現與努力相符的結果而大失所望，失去堅持下去的熱忱。**老實說，真正的勝負現在才剛要開始！**請不要這麼早放棄。

給今天晚上的你

今天的結果的確讓你「期待落空」了。但即便如此，塔羅牌仍暗示今天的你得到了許多收穫。也許**你只是因為「期望」太高才會這麼失望吧！**人偶爾也會遇到這種日子。打起精神來吧！

那個人今天的心情

他覺得好像不管做什麼都很不順利，心情煩躁、渾身帶刺。**「可是我很努力了啊……。」**這是今天他真正的心聲。他很希望有人可以告訴自己，究竟他有哪裡不好。

關於今天的決定

不要慌慌張張倉促決定會比較好喔！觀察現狀後，你會**更傾向於做出消極的決定**，像是「不要繼續下去會比較好吧」。但只要跨越這道關卡、進步成長，就一定會出現符合期望的結果。

關於今天的工作

無法期待會有豐碩的成果。**你的經驗還遠遠不足。**若非如此，那就是你不會判斷市場或顧客的心理吧！把必須改進的地方寫在紙上，就從這件事情開始做起。不斷改善、持續進步吧！

戀愛篇

那個人對你的感覺

「我們兩人的心意究竟是在哪裡錯過的呢⋯⋯?」 此刻的他正在為此苦苦煩惱。他覺得你澈底誤會他了。覺得事情不應該變成這樣,而且也很想再重新來過。

兩人今後的發展

或許會迎接「改進時刻」。你們會發現彼此的心意並沒有在同一條線上。說不定會因此感到失望。但**談戀愛哪有沒誤會過的?** 重新回顧至今種種,試著探究出他的心意吧!

那個人現在在做什麼?

他正在為了不會有結果的工作、**看不到盡頭的問題**焦頭爛額。他應該開始意識到,就算繼續這樣不顧一切地埋頭苦幹也沒有意義。他今天覺得非常疲憊,說些話安慰他吧!

我們有一天會復合嗎?

塔羅牌說:「最好別讓期待繼續膨脹。」話雖如此,但也不是你們不能復合的意思。只不過,你們一直在重複**「只要期待就會受到傷害」**的情況。這次也是如此。期待要適度就好。

那個人的心是否只屬於我?

你可能完全不能理解為什麼他眼裡不能只看著你一個人。如果是這樣的話,那你也許還沒有澈底摸透他。他說不定**是一個把工作或人際關係看得跟戀愛一樣重要**的人喔!

人生篇

工作好累——以後會越來越好嗎？

你現在還在成長當中。因此，雖然遲遲沒有出現結果，**但這是每一位成功的人都走過的路**。你一定也可以追隨他們的腳步！反覆嘗試，不斷改進，不要過於悲觀。

人際關係好煩——有解決辦法嗎？

「明明做了這麼多，卻沒有半個人感謝我……。」若你這樣唉聲嘆氣，那或許是把「該為對方做的事」搞錯了吧！仔細查明**對方到底是不是真的開心**。只要改變付出的方式，一定就會收到滿滿的感謝。

莫名感到空虛——是少了什麼？

你的內心有所不滿。**沒能得到與做過的事相符的報酬**或許也是原因之一。然而就此止步只會讓過去的努力通通白費。要不要繼續努力看看呢？總有一天，你會抵達「偉大的成功」。

好想被拯救——我該做什麼？

即使像無頭蒼蠅一樣橫衝直撞也得不到想要的東西。現在的你需要的是**停下腳步的勇氣**。接著，請保留「思考」的時間。請認真思考不順利的原因並制定對策。人生會開始變得不一樣喔！

我的未來——接下來會發生什麼事？

暫時駐足的時期即將到來。不過，請不要想得太悲觀。正是在這片刻的小憩時間，你才會發現真正的幸福，並摸索追求幸福的方法吧！**這是人生當中的寶貴時刻。**

錢幣 8

現在請將所有精神
集中在「努力的累積」。
你會獲得投機取巧所得不到的
貨真價實的成果。

 勤奮 ● 努力不懈 ● 心無旁鶩 ● 學習的
時期 ● 不慌不忙 ● 磨練技巧

─錢幣 8─
每日篇

給今天早上的你

該做的事跟昨天一樣。畢竟現在是孜孜矻矻累積努力的關鍵時期。不要追求變化，將延續昨天的工作或學習確實完成。對喜歡的人也要一如往常地**繼續展現「不變的愛」。**

給今天晚上的你

假如你覺得自己沒什麼成長的話，那你就大錯特錯了。最近的你應該**一直都在腳踏實地地努力。**「小小行為的累積造就了大大的成功！」讓你出現這種感受的時刻一定會到來。

那個人今天的心情

他想要心無旁騖地專心處理自己的工作。**各式各樣的迷惘開始慢慢消失**，覺得「不管怎麼說，只有更加努力才是最重要的」。他今天也打算勤勞不懈地繼續奮鬥。

關於今天的決定

跟以前一樣就好。就算現在在進行某種新的嘗試，你也很快就會膩了吧？即使你心中充滿各種迷惘，今天還是要決定「繼續維持現狀」。這才是最好的選擇。

關於今天的工作

「保持勤奮的態度」比什麼都重要。你的努力都被某些人確實看在眼裡喔！而且，**你自己的內心也需要「我有充分努力過了」的自信。**當這份自信變得更強大時，就可以前往下個階段了。

戀愛篇

那個人對你的感覺

他正在思考要找回失去的「信任」與「愛情」。而且他也非常清楚，即使為此做出浮誇的表演，也都是在白費力氣。純粹只是**真心誠意地愛你**——他似乎抱著這樣的覺悟。

兩人今後的發展

你們將邁入穩定期。話雖如此，**應該也不用擔心會變得單調乏味。** 未來的你們會把注意力集中在自己的工作上，不再對彼此有過多要求，而且還能發自內心地享受一起度過的短暫休息時光。

那個人現在在做什麼？

他似乎正在認真工作。最近可能對你比較冷淡，不過那是因為現在的他正全心全意投入工作之中。再加上他現在是認真想要出人頭地。這麼做**也有一部分是為了讓你幸福。**

我們有一天會復合嗎？

首先，請先專注在自己的問題上。與他的關係之所以會發展不順，**是因為彼此都還不夠成熟。** 請你完成自己在社會上的使命，強化活出自己的能力。只要能做到這點，復合的那一天自然會到來。

那個人的心是否只屬於我？

他的心當然是屬於你的。畢竟這張牌有「集中」和「心無旁鶩」的涵義。換句話說，就是現在的他毫無疑問**只愛著你一個人**的意思。心裡絲毫沒有任何空隙。

—錢幣 8—
人生篇

工作好累——以後會越來越好嗎？

會覺得工作很累是因為你非常努力。工作態度更隨便的人雖然不會像你一樣這麼辛苦，但也不會跟你一樣有這麼多進步。之後你會**實實在在地嶄露頭角**。成功和加薪正在等著你。

人際關係好煩——有解決辦法嗎？

身邊有很多人不了解你的努力和奉獻。你應該很難受吧？但是，請像過去一樣繼續努力。如此一來，你便能功成名就，結交有力人士！你會**遇到可以互相理解的夥伴**喔！

莫名感到空虛——是少了什麼？

成果遲遲沒有出現。這讓你感到很空虛，對吧？不過這張牌代表你正在腳踏實地地進步當中。現在是**可以繼續一點一點慢慢打好基礎的時期**。請好好努力。

好想被拯救——我該做什麼？

「只要有這個就能得救！」很可惜，現在並不能施展出這種魔法。不過，請繼續用心生活、努力工作，對喜歡的人事物投注愛情吧！**正是這種低調無聲的行動，才會帶來「救贖」。**

我的未來——接下來會發生什麼事？

你應該會**再次迎來累積修練的時期**。可能是開始著手新的興趣或新工作；也可能是把從以前做到現在的事從頭再學一遍；又或者，是與親近的人培養平靜的愛。

錢幣 9

洗鍊並非一朝一夕所能及。
唯有經年累月的努力
才會大大豐富
靈魂、生活及人生。

 達成與豐饒　充實的時間或空間　抵達成
功　優雅　歷經淬鍊的人或生活　富有魅力

―錢幣 9―
每日篇

給今天早上的你

今天也許不會過得那麼忙碌，而是可以保持優雅的心情。就算做不到這樣，**今天一天的努力也一定會充實你日後的生活**。因此，請你盼望著那一天的到來，繼續精進吧！

給今天晚上的你

今晚就輕鬆地過吧！既可以和氣味相投的人共度快樂時光，也可以自己一個人想做什麼就做什麼。人生雖然有很多時候苦不堪言，**但有些時候也能夠以優雅的心情度過**。現在正是這種時候。

那個人今天的心情

今天的他**十分放鬆，因此心情相當愉悅**。他覺得自己的才能或魅力受到社會的認可，想要朝著更高的目標努力。對人也很寬容。今天和他聊天一定會很開心吧！

關於今天的決定

可以做出奢侈的選擇。那並非是單純的浪費，**而是「對自己的投資」**。同時也暗示購買高級品、接受高品質服務的「體驗」會使你受到淬鍊，變得高雅脫俗。另一方面，對待他人則要用一顆寬大的心。

關於今天的工作

沒問題的。你不但有足夠的實力，而且也有人望，只要利用這些就會得到超乎預期的成果。**俗話說「實際動手會比在腦中想像更簡單」**。情況一定會跟這句話說的一樣，總之開始著手處理工作吧！

戀愛篇

那個人對你的感覺

他似乎覺得你是他**無可取代的戀人**。對你的魅力有非常充分的了解。但有時候，他好像也會非常擔心，不確定自己能不能一直做個配得上你的另一半。

兩人今後的發展

幸福時光即將來臨。兩人心中都充滿了愛，拜此所賜，才能坦率、溫柔地對待彼此。你們熱情如火的模樣說不定會讓周遭投以羨慕的眼光。盡情**享受戀愛的「甜蜜」吧！**

那個人現在在做什麼？

今天或許是他睽違已久的休假，可能正在度過一段優雅的時光。雖然他搞不好只是待在家裡無所事事，但即便如此，現在的他仍將這短暫的休息時間視為一種奢侈。**他應該會欣然接受有趣的提議。**

我們有一天會復合嗎？

那一天遲早會來臨。雖然可能不是現在，但是當你們離復合越來越靠近時，你會馬上知道的。到時候，你會變得比現在更有魅力。他應該會用好像很刺眼的眼神看著你吧！

那個人的心是否只屬於我？

這世上沒有幾個人能勝過你此刻的魅力。因此，**他對你深深著迷到無法自拔也是理所當然的事。**應該不用擔心會有其他異性橫刀奪愛。他的一顆心全都在你身上。

人生篇

工作好累──以後會越來越好嗎？

你是一個有崇高理想的人。正因如此，你才會常常不滿意現在的自己，為此備受煎熬。然而，只要不停追求理想，你的能力就能繼續成長。**總有一天，你一定會感受到巨大成功所帶來的喜悅。**

人際關係好煩──有解決辦法嗎？

與價值觀、生活水準、知識水準等等都跟自己不合的人互動是很累的事。你是否在各方面都一直在勉強自己呢？也許**試著找找有沒有能相處得更自在的人**才是最好的作法。

莫名感到空虛──是少了什麼？

你似乎正慢慢產生出想追求火辣刺激的心情。說不定**你是厭倦了彷彿泡在溫水裡面的每一天。**試著去尋找刺激吧！只要挑戰危險的事，當時的那股衝勁就一定會再次覺醒。

好想被拯救──我該做什麼？

你應該同時具備才能、魅力以及豐富的人脈。儘管如此，你是否還是在為自己缺少的事物唉聲嘆氣、鬱鬱寡歡？**請將目光放在「你擁有的東西」而非不足之處。**你會在那裡找到救贖的喔！

我的未來──接下來會發生什麼事？

你將迎接幸福時光。可能會**有大筆的進帳**，使生活日漸富足；或是會遇到一段充實你精神層面的美好邂逅。你應該可以慢慢變成高雅脫俗、氣質不凡的人。

錢幣10

即使不自己主動爭取，也可能會
承襲他的「財富」或「成功」。
這種天降好運的日子
似乎近了。

 成功者 ● 資產家 ● 確實的成果 ● 繼承財富
● 得到人望 ● 邁向婚姻的戀情 ● 滿足感

― 錢幣 10 ―
每日篇

給今天早上的你

可能會出現**把珍貴的東西讓渡給他人**的情境。然而，你今天或許還不能意識到這個東西有多寶貴。但是你應該會慢慢明白過來，還會對父母、前輩等人的存在萌生謝意。

給今天晚上的你

你應該可以帶著滿足的心情安然就寢。也許你會突然意識到自己究竟有多麼幸運，或是即將出現**讓你產生幸福感的消息或聯繫**。盡情品嘗喜悅的滋味吧！

那個人今天的心情

他的心情很好。應該是因為他所期望的職位極有可能會落在自己身上。過去的工作成果也逐漸顯現，使他深深感受到自己是一個成功的人。**他也會浮現想要家人的想法。**

關於今天的決定

今天最好盡量**做出豪邁的決定。**只要在決斷的同時考慮到所有人的幸福，就會得到對你最好的結果。無論是弱小的人或屬害的人，請把你的精力、能力或財產平均地分給他們吧！

關於今天的工作

似乎有很多人對你寄予厚望。你一定會確實將這份工作貫徹到底。**能夠和大家一起舉杯慶祝的那天即將到來。**而你的經驗以及成功背後的故事也會為後進帶來助益。

戀愛篇

那個人對你的感覺

這張牌上畫著一個幸福的家庭。他說不定把你當成**想要攜手共度生涯的另外一半**。假如你們已經在一起了的話,則代表他心裡已漸漸萌生出「差不多該結婚了」的念頭。

兩人今後的發展

你們之間發生了很多事吧?至今的歡笑及淚水全數都會得到回報。**單相思的會發展成兩情相悅、兩情相悅的則會步入婚姻**……,像這樣邁向下一個幸福階段的時刻終於要來臨了。

那個人現在在做什麼?

他應該正和家族的親戚、公司的夥伴這些**「與彼此共享人生的人」待在一起**,或是正在安排為了與這些人團聚的計畫。在那個場合,可能會發表某件重大消息。

我們有一天會復合嗎?

你抽到了代表幸運及成功的牌。「經過漫長的努力才終於把完美的幸福握在手中」,這些人的身影就在這裡。和能不能復合無關的是,**你一定會有一個幸福的家庭**。只有這點是千真萬確的。

那個人的心是否只屬於我?

他的心正在向圍繞在你和他身邊的所有一切傾注愛意。雖然戀愛最初的階段可能早就過了,但**你們正逐漸孕育出類似「對家人的愛」的深厚愛情**。沒什麼好擔心的。

─ 錢幣 10 ─
人生篇

工作好累──以後會越來越好嗎？

你必定會獲得繁榮昌盛。 痛苦時刻接踵而至的情況只限於現在。從今以後，你會慢慢從其他人那裡承襲「成功的祕訣」或「機會」。到了那時，你說不定就能以破竹之勢讓成績不斷進步。

人際關係好煩──有解決辦法嗎？

現在的辛苦不會持續太久。這張牌是在**暗示你會找到心目中的理想社群。** 你現在只是還沒遇到最棒的同伴或家人。請在心中描繪光明的未來，藉此度過此時此刻的苦難吧！

莫名感到空虛──是少了什麼？

你是不是不小心多了很多獨處時間？雖然你可能一直處在「想追求專屬於自己的樂趣」的時期，但是時候調整方向了。**試著到家人或同伴那裡露個臉吧！** 幸福正在等著你。

好想被拯救──我該做什麼？

請想想讓所有人都開心的事。 唯有這麼做才能使你獲得救贖。這和只對喜歡的人全心付出是不一樣的。抱著「要為所有人類服務」的心態投入到工作或興趣裡面吧！

我的未來──接下來會發生什麼事？

感覺自己好像登上了成功頂點的時刻即將到來。不枉費你一路上堅持做了這麼多的嘗試及努力。**未來的你擁有一切。** 那是一種十全十美、分毫不缺的狀態。

錢幣侍從

PAGE of PENTACLES.

具備強烈探求心的年輕人
是未來的成功者。
因為只有非常在乎什麼,
人才會有所成長。

將來不可限量 ● 孩子般的探求心 ●
實習階段 ● 重在觀察 ● 路還很長

─錢幣侍從─
每日篇

給今天早上的你

可能會遇到**為你的好奇心或探求心帶來刺激的事物**。追逐「這是什麼？」這種單純的疑惑，繼續深究吧！很久很久以後，你會發現這天正是一切的開端。

給今天晚上的你

你不需要那麼倉促。前方的路還很漫長，請不要過度努力勉強自己。**一邊考慮體力的分配，一邊前進吧！** 談戀愛也切莫心急。不仔細觀察對方會誤判對方的情緒。

那個人今天的心情

他想要好好花時間解開「謎題」。他似乎很不滿明明有在意的事情，卻沒有時間追根究柢。**明明還想更了解你，但偏偏今天的工作特別忙碌**──可能是這種情況也說不定。

關於今天的決定

「就算失敗也沒差」，用這種輕鬆的心情來決定吧！反正現在的你還沒有累積足以做出最佳選擇的經驗或見識，當然不能做出正確的判斷。**重要的決定請諮詢他人的意見。**

關於今天的工作

今天的你非常熱衷於工作。周遭會感受到你的認真，因而給予很高的評價。你需要的只有積極投入的態度。就算能力不足也不要在意。請**把重點放在表現出學習意願。**

戀愛篇

那個人對你的感覺

他對你似乎還一無所知。雖然想要更了解你,卻不曉得該怎麼做。但儘管如此,他一點也沒有要放棄「探究」的意思。**他打算花一些時間慢慢地認識你。**

兩人今後的發展

感覺像進入「停滯期」的日子會持續下去。不過,那只是你的錯覺。對方心裡正在緩慢地孕育愛情。尤其當心儀對象的年紀比你小時,不要著急,耐心等對方做好「心理準備」吧!

那個人現在在做什麼?

他應該正全心全意投入在某種「研究」。處理要查很多資料的工作、仔細保養工作或興趣會使用到的工具等等,類似這種感覺。**要是沒收到他的聯繫,應該是因為他現在非常專心。**

我們有一天會復合嗎?

有那個可能,但著急地想著「總之要趕快復合」是不對的。「他真的是那個對的人嗎?」**只要你有半點猶豫,就請好好正視自己的內心。**這樣你應該會慢慢看見自己應該追求的幸福。

那個人的心是否只屬於我?

此刻,他熱切求知的探求心只向著你。即使身邊有其他異性,也會因為都是認識已久、彼此熟識的對象而產生不了興趣。一定**只有你才是會強烈激發他好奇心的那個人。**

—錢幣侍從—
人生篇

工作好累──以後會越來越好嗎？

你是個堅忍不拔的人。即使遇到難過的事也不會做出臨陣脫逃的行為，對於想做的事情也不會半途而廢。只要有「想在這份工作好好努力」的心情，就可以繼續待在這裡。**慢慢地，你會看見希望。**

人際關係好煩──有解決辦法嗎？

步調緩慢地前進吧！就算急著想要快點融入群體，也不會縮短你與周遭的心靈距離。不過，只要擺出怡然自得的態度，**歡迎你的氣氛就會慢慢擴散開來。**你一定會逐漸獲得大家的疼愛。

莫名感到空虛──是少了什麼？

因為沒有東西刺激你的探求心，才會產生無聊或空虛的感覺。**你是不是每天都在重複一樣的事呢？**要重新找回宛若孩子般的好奇心，遇見「未知的事物」是最好的作法。

好想被拯救──我該做什麼？

一點一點繼續下去吧！覺得「就算這麼做搞不好也沒有意義」容易令人陷入絕望。才沒有這回事呢！你還要花上很多時間。但是**你的決心和努力絕對不會變成白費力氣。**

我的未來──接下來會發生什麼事？

你可能會**從頭開始做某件事**。睽違已久地進入「學習時期」。長大以後再學點什麼是一件有趣的事。你會變得充滿期待，**心情回到年輕的時候。**就連外表也會不可思議地越來越年輕喔！

錢幣騎士

聰明的騎士心知肚明：
「唯有腳踏實地活著，
才是安全無虞、
取得最後成功的方法。」

Key Word ▶ 追 求 穩 定 ● 小 心 謹 慎 ● 認 清 狀 況 ●
誠 實 的 人 ● 穩 健 的 開 始 ● 大 器 晚 成

─ 錢幣騎士 ─
每日篇

給今天早上的你

請謹慎行事。最好在對社會上或公司內部的情況會如何改變有一定程度的把握之後再採取行動。今天不會出現「先搶先贏」的情況，反而是**留到最後的人才有「福」可享。**

給今天晚上的你

你很在意今後的發展，對吧？的確，現在很難預測未來的走向。但是別擔心。你具備小心謹慎的特質，所以**不會錯過重要的資訊。**今晚就先讓頭腦好好休息吧！

那個人今天的心情

他想要維持注意力。也許有什麼讓他認為「必須要確實處理好」的事情。**因為想讓注意力保持集中、不要分散**，他打算晚一點再確認電子郵件或社群網路。

關於今天的決定

你不必被「要搶要快」這種話術牽著鼻子走。無論如何，請你都要謹慎行事。只要有任何一個地方讓你放不下心，**就延後再做決定吧！**具備這種深思熟慮的態度才是今天的正確答案。

關於今天的工作

請你**努力不要出錯。**想做標新立異的事情要在充分考慮失敗的風險之後再付諸實行。要是等到動手之後才開始想的話，就要擔心會發生無法挽救的問題。

戀愛篇

那個人對你的感覺

他想要一直當個誠實的人。一旦決定愛你，他就想要有一輩子從一而終的覺悟。然而，正是這種「謹慎」導致他沒辦法輕舉妄動，**他認為你應該覺得他很死腦筋。**

兩人今後的發展

倘若你們建立了長久而良好的關係，就有可能會聊到**差不多該進入下個階段**的話題；反之，要是你們一直維持不乾不脆的關係，你的心情可能會發生變化，開始覺得「也許現在該抽身了……？」

那個人現在在做什麼？

今天的他並沒有在追求冒險。如果不是在認真工作**好讓自己可以有一個穩定的將來**，就是在努力以誠實的態度與人來往。也許你可以對他說一些慰勞的話。

我們有一天會復合嗎？

唯有謹慎行動，才能浴火重生。請避免感情用事或主動提出想要復合。**最好再更有策略性一點。**首先，要不要先試著來一場讓對方驚為天人的華麗變身呢？

那個人的心是否只屬於我？

從今以後，他的心也都是你的。因為現在的他已經連很久以後的未來都考慮到了。**他也許是打算長長久久、實實在在地一直愛著你**，希望良好的關係可以延續下去。

─ 錢幣騎士 ─
人生篇

工作好累──以後會越來越好嗎？

雖然你可能覺得自己起步得比大家更晚，但你只要維持自己的速度就行了。不要被走在前面的人擾亂心情，貫徹腳踏實地與自己的步調吧！等機會來臨時，情況就會出現逆轉喔！

人際關係好煩──有解決辦法嗎？

你和輕浮的人個性不合，覺得對方很難相處。但有時候，這也是一件幸運的事。代表你會逃過一劫，不會被捲入奇怪的糾紛。以後最好也繼續跟對方保持適當的距離。

莫名感到空虛──是少了什麼？

你正在認真努力。但或許會因此錯失機會沒能參加有趣的事情。你上次休假是什麼時候？要是有人約你出去玩的話，請你也考慮放個假，讓自己不用上班或做家事吧！

好想被拯救──我該做什麼？

腳踏實地累積財富和技術吧！儘管這麼做毫不起眼，但一定會有確實獲得救贖的那天。在人生遭遇坎途時仍然能堅持不自暴自棄的人是很強悍的。你也是其中之一。獲得回報的那一刻必定會來臨。

我的未來──接下來會發生什麼事？

晚開的花朵將會盛開！步伐緩慢但腳踏實地持續至今的計畫可能終於要邁向成功了。此外，你誠實的個性也會獲得更多好評。從今以後，你一定會長久受到眾人的喜愛。

錢幣王后

可以耐著性子靜靜等候

愛情或機會成熟的人

才會如願以償。他們會被人依靠、

受人景仰、為人所愛。

 接受 ● 寄予期待 ● 文靜的人 ●
認清現實的行動 ● 實用的能力

── 錢幣王后 ──
每日篇

給今天早上的你

漫無目的地度過一天也不賴吧！不管發生什麼事，**今天的你都能以符合現實且聰明機智的方式應對。**購物應該也可以壓在預算之內。也要好好照顧那些想待在你身邊的人。

給今天晚上的你

先處理現實的問題吧！**你是不是累積了很多雜務沒做？**先把這些通通解決，之後再盡情去做喜歡的事。比起一邊休息，一邊還想著還有哪件事沒做，這樣可以過得更自在喔！

那個人今天的心情

今天他心裡既沒有野心，也沒有不滿。而是坦然地面對現實，**想要活得悠哉一點。**有人約他出去的話，只要沒有其他安排，他都會二話不說地答應。此時不約，更待何時？

關於今天的決定

順著家人或朋友的意思去做也沒關係吧？雖然你應該也有自己的意見，**但若是覺得退一步會比較保險，就代表這樣做才是對的。**聰明的你一定知道，沒必要硬是和對方爭執意見。

關於今天的工作

請注意不要超過預算。今天最好也盡可能不要加班。簡而言之，**目標是「設法在能力範圍之內達成目標」。**唯有能做到這點，評價才會提升，與成功的距離也會越來越近。

那個人對你的感覺

他越來越覺得你是一個可以放心相處的異性。接觸你的想法、目睹你的行為，在這段過程當中，他發現**你不但正直可靠、實際能力很強，而且為人也很誠實**，讓他覺得非常開心。

兩人今後的發展

你們會繼續穩定交往。就算目前的關係不太穩定，風浪也會從現在開始慢慢平息。你的包容力和容忍力會變得很高，可能不會隨便為了一點小事就心生動搖。

那個人現在在做什麼？

舉例來說，他可能正在某個地方顧店，**淡淡地完成別人交付給他或請他幫忙的工作。**雖然身體不能動彈，但頭腦卻閒來無事。或許你可以提供一些打發時間的主意給他。

我們有一天會復合嗎？

要不要試著把「你現在單身」這件事告訴對方？**你可能需要試著讓他知道「你在等他」。**要是不這麼做的話，對方很有可能會以為你已經找到新的戀情就不再聯絡你了。

那個人的心是否只屬於我？

老實說，你其實也沒有那麼想獨占他的心吧？話雖如此，你還是會想著**「希望對方在兩個人獨處的時候只看著我……」。**下次見面時，對方一定會實現你的這個心願。

─ 錢幣王后 ─
人生篇

工作好累──以後會越來越好嗎？

你一直在不起眼的地方大放異彩，像是跟進一些很少人注意到但是很重要的部分等等。正因為有你這樣的支持，你所任職的公司或業界才會蒸蒸日上。**請不要辭職。大家會很傷腦筋的！**

人際關係好煩──有解決辦法嗎？

你對某些事情很有耐心。可能是因為這樣，**才正好適合擔任照顧麻煩人物的角色。** 偶爾提出交換工作的要求也不要緊。不要一味忍氣吞聲，請用你想做的方式去做吧！

莫名感到空虛──是少了什麼？

你是不是經常覺得好像根本沒有半個人在關心你呢？說不定這就是害你感到空虛的原因。若是如此，就代表**你缺乏「可以成為矚目焦點的場合」。** 請試試看可以讓自己更常出門的事情。

好想被拯救──我該做什麼？

你應該是等累了吧？雖然應該由你主動發起行動，但要做自己不習慣的事情實屬不易。果然還是先**等待「契機」吧！** 等時候一到，你就能夠以勇敢的行動改變人生的狀況。

我的未來──接下來會發生什麼事？

你或許會想要聲援某個人。有可能會想為以精湛的演奏或表演吸引你的目光、讓你深深著迷的人加油打氣。**為對方奉獻時間和金錢似乎會逐漸成為你新的幸福喔！**

Minor
Arcana

錢幣國王

登上堅若磐石的地位後，
到來的卻是意外的結果。
也許就連「財富」或「幸福」
都會令你生厭。

Key Word　具備財力的人 ● 經驗豐富的人 ● 難以
取悅 ● 倦怠 ● 屹立不搖的地位

─錢幣國王─
每日篇

給今天早上的你

你會對餐點、商品或服務給予「差強人意」的評價。因為今天是很難獲得滿足感的一天。也許是因為以前有過更好的經驗，才**導致標準越來越高**。如果是未知的世界，你應該就能享受其中。

給今天晚上的你

請你表現得大方一點。如此一來，每個人都會對你刮目相看，並且想要禮數周到地招待你吧！然而，**你自己卻無法享受其中，而是會心力交瘁。**盡了義務之後，就去找可以自在相處的夥伴吧！

那個人今天的心情

他有很多事要操心，覺得提不起勁。雖然知道自己處在備受眾人仰賴的立場，但**傾聽每個人的不滿或抱怨讓他累壞了吧！**他正在尋找有沒有什麼正面的消息。就由你來為他提供資訊吧！

關於今天的決定

你的決心可能正在動搖。今天是很難找到讓你下定決心「要這麼做」的「關鍵因素」。儘管如此，**只要做出保守的決定應該就不會失敗。**雖然不到非常滿足，但今天就先這樣忍耐一下吧！

關於今天的工作

應該遵從最高主管的指示。雖然你可能會覺得**「可是這樣做不對」**，但目前的情況並不允許你提出意見。只有先試著照做才有辦法改變情況。首先，請先把落到自己身上的工作通通做完吧！

戀愛篇

那個人對你的感覺

他感覺自己沒有給你幸福，正在為此煩惱不已。儘管他認為自己把可以提供的一切都給你了，**但是覺得你想要的好像是其他不一樣的東西**。然而，他不能理解你有什麼不滿。

兩人今後的發展

你們會慢慢建立堅不可摧的關係。已經**誰都不能再妨礙你們了**。不過，也可能會發生明明是夢寐以求的事，卻莫名沒有得到滿足的情況。說不定是因為感情穩定之後，就會失去「心跳加速的感覺」吧！

那個人現在在做什麼？

他覺得有點無聊。和一如往常的熟面孔待在一起雖然既安心又有趣，但是缺乏刺激。即使嘗試接受部下或後輩的諮詢，每個人傾訴的煩惱也都大同小異，他可能會心想：

「我已經聽膩了……。」

我們有一天會復合嗎？

目前看起來應該很難。對方正在戒備的是，**就算試著重新開始，彼此的主張依舊是平行線**，可能會像以前一樣走進死胡同。等你變得和過去判若兩人之後再出現在他面前吧！

那個人的心是否只屬於我？

當然是啊！但他對於你遲遲不願意相信他這件事非常不滿。他自認為有透過各種方式來表現愛情。不過只要考慮到自己的「立場」，他就能理解**你會不能放心也是沒辦法的事**。

─ 錢幣國王 ─
人生篇

工作好累──以後會越來越好嗎？

一直跟著同一位上司，痛苦的感覺可能久久都不會改變。
然而，**不管到哪裡都會有自視甚高、裝腔作勢或強人所難
的人。**你現在正確實在慢慢學會與這種人共事的智慧。將
來會大有幫助的喔！

人際關係好煩──有解決辦法嗎？

也許是制式化的相處模式在折磨著你。只要吹進新鮮的
風，空氣也會煥然一新。要不要試著努力幫自己平常待的
團體增加新成員呢？**介紹朋友和朋友認識**也是不錯的方法。

莫名感到空虛──是少了什麼？

由於「在人生中追求的事物」標準提高了，才會難以獲得
滿意的結果。**你是不是不能再因為一些小事開心起來了
呢？**找回初心吧！可以去挑戰自己過去做不到的事。

好想被拯救──我該做什麼？

你該做的事只有一件，那就是走下王座，展開冒險！只要
不踏出舒適圈、嘗試新挑戰，就沒辦法獲得讓你發自內心
感到喜悅的事物。為了**找回「勝利的喜悅」**，要不要試著
挑戰看看呢？

我的未來──接下來會發生什麼事？

你會得到能讓你心滿意足的生活。也可能是彩券中獎。這
應該是令你非常高興的事。可是人類對任何事情都會習以
為常；你可能也會馬上習慣當個有錢人，出現倦怠感也說
不定。

Q

哪一位塔羅牌占卜師才算得準……
要從何判斷？

A

塔羅牌這種占卜雖然自己抽牌也很有趣，
但請別人替自己解牌
又是另外一種樂趣。

各位也許會想：「我想找個算得準的占卜師」。
然而塔羅牌占卜的本質在於「偶然性」。

所謂的偶然性，
是指你碰巧抽到的牌
正好一針見血地反映自己目前的情況。

換句話說，一切都是「機緣巧合」。

你有沒有曾經在不經意看到的雜誌或網路占卜上
發現直接命中內心的答案，
被嚇了一大跳的經驗呢？
這也是偶然的機緣巧合。

要引發這種「不可思議」，關鍵在於
「不知道為什麼，今天想找這個人幫我占卜看看」
這種隨興的感覺。

自己偶然注意到的占卜師就可以了。
試著帶著輕鬆的心情請對方幫你算算看吧！

因為這也是一種命運的邂逅。

Minor Arcana
SWORD

什麼是寶劍？

「寶劍」牌上必定都畫著「長劍」，這是代表
「邏輯」或「思考」的象徵。之所以有比較多
描繪衝突的牌，是因為寶劍是掌管「摒除情
感親密性的理性」的花色。

寶劍 1

第一步是「把話說出口」。

人不可能在

沒有任何主張的情況下獲得勝利。

首先，試著傳遞那個想法吧！

 主張 ● 受理性主導 ● 言語傳達 ●
追求理想 ● 互相討論 ● 想被理解

─寶劍1─
每日篇

給今天早上的你

因為會遇到很多需要動腦的情況，今天的你思緒非常清晰。靈感可能會從天而降。把想法寫下來付諸實行吧！此外，要是有煩惱的話，**言語正是你的武器**。請用說的或寫的來深入思考吧！

給今天晚上的你

一旦決定要做就要貫徹到底。塔羅牌說，前方有勝利在等著你。縱然夜晚是令人心生迷惘的時段，**但是千萬不能感情用事**。朝著你的理性所追求的理想繼續奮鬥吧！

那個人今天的心情

他今天相當強勢，所以會毫無顧忌地說出自己的主張，恐怕還會說出辛辣的話，對別人造成傷害。但是**今天的他著重於贏得勝利**。沒有餘力去體諒別人的心情。

關於今天的決定

理性想選的那個選項才是對的答案。**今天不建議感情用事**，譬如「要是不選他的話，好像會有點可憐耶……。」這麼想可能會讓你後悔莫及。你應該在正確的道路上筆直前進。

關於今天的工作

請重視「把想法說出口」。**只在心裡想想並不能為你帶來評價**。即便是可能會被否決的點子也要說出來，這樣做才是正確答案。那份熱忱及勇氣應該可以確實地贏得好評喔！

戀愛篇

那個人對你的感覺

他似乎有想要讓你知道的事；也可能是自認為你已經懂了的**這種過度自信導致你們心生誤會。**要是對方沒有聯絡的話，就代表他以為「你應該知道他正在忙」。

兩人今後的發展

你們即將進入不得不把之前一直曖昧不明的關係交代清楚的時期。首先，你們需要**認真交換彼此真正的想法。**只要你先開口，對方說不定就會向你展露真心。

那個人現在在做什麼？

這是一張代表「主張」的牌。他現在正在發表某種意見。也許正在會議或討論會上商議事情，或是正在社群網路上和某個人筆戰。**可以確定的是，他沒有心情談情說愛。**

我們有一天會復合嗎？

你們當初究竟是怎麼走到分手的？**你應該很希望對方告訴你真正的原因吧？**然而，他之所以沒說，是因為他不太想說。體諒他的這種心情才是邁向復合的一步唷！

那個人的心是否只屬於我？

當然是這樣啊！他甚至**想把你們彼此相愛這件事詔告天下。**假如你問他：「你真的只愛我嗎？」對方應該會不太高興地回答：「當然啊！為什麼不相信我？」

―寶劍 1―
人生篇

工作好累――以後會越來越好嗎？

你的主張才是對的這件事會慢慢得到證明，這樣的發展在等著你喔！如此一來，任誰都不會再忽視你的意見。只是要注意表達方式，否則會不小心製造不必要的敵人。

人際關係好煩――有解決辦法嗎？

應該是有一種令你難以表達己見的氣氛。似乎是這樣的環境導致你如此疲累。不過，這種氣氛是可以改變的。**請你試著勇於發言。**也可以試試看改變行動。

莫名感到空虛――是少了什麼？

現在的你需要的是**讓大腦全力運作以進行某種挑戰的知性時間。**這樣的活動應該會幫助你恢復活力。要不要試著挑戰艱澀的書籍呢？學習語言、美術設計或程式設計等等也不錯。

好想被拯救――我該做什麼？

請你試著把亂成一團的思緒寫下來吧！只要持續把自己的煩惱逐項列出，最後一定會**找到問題的焦點。**「原來只要解決這一項就夠了！」你會在找到核心的瞬間獲得救贖。

我的未來――接下來會發生什麼事？

全新的「我想做這件事」的念頭會湧上心頭。然而，貫徹這個決心需要**說服某個人或無視周遭的反對堅持下去。**儘管如此，這件事仍舊有實踐的價值。朝著你活著的意義展開行動吧！

寶劍 2

不想被別人否定的時候、
想專注於某件事的時候,
要閣上雙眼、封閉心靈,
進入自己的世界。

 拒絕 ● 維持心靈的平衡 ● 想集中精神 ●
平行線 ● 事先備妥說詞 ● 不想被干涉

―寶劍 2―
每日篇

給今天早上的你

若是你想說服某個人的話，最好改天再說。對方不會那麼簡單就改變心意。但話說回來，**你自己是不是也在賭氣呢？**一直緊閉自己的心扉是不可能抓住他人的心的喔！

給今天晚上的你

今天是不適合進行「對話」的一天。和自己無比珍惜的人也不能心意相通說不定會讓你非常寂寞，但是明天又會是新的一天。請**不要用「已經沒救了」這種「單方面的一口咬定」讓自己陷入不幸。**

那個人今天的心情

不管別人說了什麼，他似乎都不打算改變自己的意見，想要大喊：**「我才沒有錯！」**真拿他沒辦法。總之，現在的他打算用事先準備好的說詞來捍衛自己。放棄說服他吧！

關於今天的決定

你已經決定好答案了，對吧？就算那是一個錯誤的答案，你認為「只能這麼做了」的想法是不是持續在變得更加堅定？即使試著隔一段時間，這份決心看起來也不會動搖。那就做出決定吧！

關於今天的工作

獨自進行是很危險的，在途中詢問某個人的意見會比較好。我知道你應該不想聽到多餘的話，也懂你想要早點做完的心情。但是**拒絕檢查的結果可能是事倍功半**喔！

戀愛篇

那個人對你的感覺

人家都說「愛情是盲目的」。現在的他正是如此。他可能會擅自對你抱有期待，或是希望你按照他的想法行動。他說不定有什麼不想面對的事情。**也許是很怕你被搶走吧！**

兩人今後的發展

可能會發生更多爭吵。**你是不是忘了要「傾聽對方的意見」呢？**要是自顧自地認定「反正一定是這樣」，根本不可能與對方心意相通。不要堅持己見，兩個人一起尋找正確答案吧！

那個人現在在做什麼？

雖然他正在深入思考，**但要擔心思考內容變成「他的自以為是」。**他以為只要說明，大家就一定會欣然接受，然而事情似乎並沒有這麼簡單。工作可能因此遲遲沒有進展。

我們有一天會復合嗎？

堅持己見、互不相讓是你們離愛情越來越遠的原因。要是不懂這點，現在就很難復合。「請你理解我的意思！」在這樣大吼之前，要不要再思考一次**「對方想表達什麼」呢？**

那個人的心是否只屬於我？

他不打算讓其他異性走進自己的心。在這個意義上，他的心是屬於你的。但是他「想要了解你」的這股心情略顯不足。因此應該是你會想要質疑對方的愛。

─寶劍 2─
人生篇

工作好累──以後會越來越好嗎？

「我明明沒錯，為什麼不被認同呢？」你的心裡似乎存在這樣的悲傷。這種情況很難受吧？但是**現在也需要放棄「正確的意見」。**只要這麼做，你就會看見上司或客戶對你的要求囉！

人際關係好煩──有解決辦法嗎？

即便對方的說法和你的說法沒有達成一致，**一定還是能努力尋找各退一步的點。**雖然也可以認定對方是「無法互相理解的人」並轉身離開，但這樣很寂寞吧？既然如此，就找找看可以妥協的地方吧！

莫名感到空虛──是少了什麼？

你自己主動遠離了人群嗎？又是避開討厭的人，又是放棄與人互相理解，或許是因為這樣，你才會在無事一身輕的同時備感空虛。**人生也需要那些跟自己和不來的人。**試著與他們和解吧！

好想被拯救──我該做什麼？

平行線一直沒有交集。沒辦法和親近的人互相理解、為找不到答案的煩惱不斷糾結……。儘管看似獲救無望，但其實是可以解決的。或許你可以**試著擁有放下「堅持」的勇氣。**

我的未來──接下來會發生什麼事？

想要專注於某件事的時期即將到來。你可能會不願讓他人靠近，一心只顧著談寶貴的戀愛或處理重要的工作。身邊的人應該很擔心這樣的你。**拒絕關心反而會讓他們更加擔心。**偶爾也參與和樂時光吧！

寶劍3

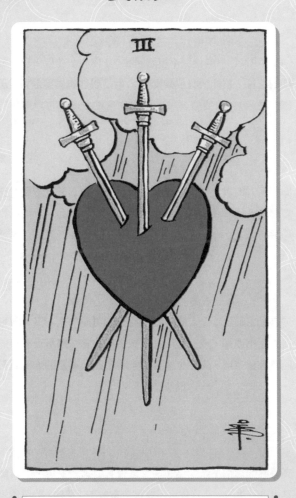

被寶劍貫穿的心是
「心痛」的象徵。
上面已是遍體鱗傷，
不需要再繼續攻擊。

 心痛 · 狠狠刺傷 · 話說過頭 · 傷心 ·
逼入絕境 · 自責 · 切中核心

236

—寶劍3—

每日篇

給今天早上的你

今天請多留意從嘴裡說出來的話。要擔心自己一句多餘的話會狠狠刺穿對方的心。到時候，對方也會還以顏色，因此關係必定會變得難以修復。**真心話應該要以委婉的方式表達。**

給今天晚上的你

你有點傷心吧？可是今晚**找人抱怨或商量可能會出現反效果。**對方可能會提出你明知道但做不到的建議，讓你聽了更難過。還不如讓暖呼呼的飲料或毛毯來療癒你會更好。早點睡吧！

那個人今天的心情

他現在非常沮喪。或許是在對之前你或身邊的人**批評自己的事情耿耿於懷。**即使如此，他還是不想就這樣輕易承認「自己的主張是錯的」，因此心情相當複雜。

關於今天的決定

也許**伴隨著痛楚的決定才是今天的正確答案。**就算短暫地蒙受損失或遭受痛苦的折磨，從這裡再次浴火重生將帶領你邁向真正的幸福。請不要選擇簡單的路走。

關於今天的工作

請注意那些會用一副無所謂的態度對你的心造成傷害的人。遭遇冷暴力時，不要認為「都是因為我不好」，大可用**「你憑什麼這樣批評我」**來反擊。不要退縮。

戀愛篇

那個人對你的感覺

也許你的一句話會狠狠戳中對方的要害也說不定。他會覺得「自己被你說到痛處了……」。之所以會因為你的指教或批評受到傷害，應該是因為他喜歡你。

兩人今後的發展

此刻你們心中肯定有各式各樣的不滿或想說的話。**但是要注意表達方式。**否則就會上演「互相指責大賽」，結果導致雙方都身受重傷。心平氣和地溝通吧！

那個人現在在做什麼？

他正在試圖分散內心的痛楚，可能正躲在酒精、興趣或遊戲世界等逃避現實。他應該是在人際關係之類的事情上受傷了吧！雖然為了維護尊嚴裝得若無其事，但內心已是千瘡百孔。

我們有一天會復合嗎？

治癒悲傷才是先決條件。你們似乎在走到分手的過程中**傷害了彼此。**現在只有「時間」才是你們的同伴。等時光流逝，傷口會癒合，想念對方的心情一定會浮上表面。

那個人的心是否只屬於我？

只對你一個人宣誓愛情對現在的他是一件有點痛苦的事情也說不定。因為他覺得你的心裡並不是只想著他，**只有自己單方面對你死心塌地可能讓他有些遲疑。**

─寶劍3─
人生篇

工作好累──以後會越來越好嗎？

倘若你因為同事或上司無心的態度而受到傷害的話，不需要一味地待在原地默默忍耐。請誠實面對自己的心情。去尋找願意歡迎自己的地方吧！**請把痛苦化成轉機。**

人際關係好煩──有解決辦法嗎？

被對方對你的態度傷害或折磨應該不是只有一、兩次了。這次真的是極限了。**現在是可以提議要保持距離的時候。**對方自己也心裡有數。他會理解這是無可奈何的事。

莫名感到空虛──是少了什麼？

考慮拔掉扎在心上的那根刺吧！明明受傷了卻裝作若無其事，長此以往會害你更難從空虛感中脫身。**也請你別再自己傷害自己了。**對自己說些溫柔的話吧！

好想被拯救──我該做什麼？

假如你有無論如何都無法原諒的人，可以試試看寫信的方式。若是只想得出充滿攻擊性的話語，那就不必把信交給對方。但總之，**請試著寫下自己的真心話。**光是這樣就能讓你獲得療癒及救贖。

我的未來──接下來會發生什麼事？

你會需要從備受打擊的狀態中重新振作起來。雖然可能會發生令你心痛的事，但**只要活著就會受傷，人人皆是如此。**不過只要還活著，任何創傷都會慢慢痊癒，所以不會有事的！

寶劍 4

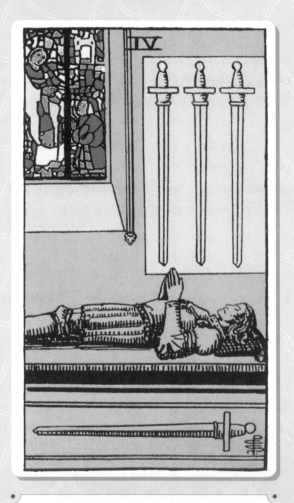

沒有人可以在
少了回復時間的情況下不停活動。
閉上眼睛和嘴巴稍作休息。
繼續是在那之後的事。

Key
Word
休戰　鎮靜　尋找避難所
暫時小憩　沉默　重新擬定策略

—寶劍 4—
每日篇

給今天早上的你

無論是在哪裡，今天都要克制「主張」。縱然你的想法是對的，最好還是再重新想想**「怎樣的表達方式才是正確答案」**。除此之外，也請你減少活動量，多保留一些休息時間吧！

給今天晚上的你

今天或許是個忙得半死卻難有收穫的一天。在這樣的日子裡很容易感到極度疲勞。但只要好好休息就會恢復精神。**與其想東想西，不如讓大腦休息一下**。明天會浮現好點子的喔！

那個人今天的心情

他今天不太舒服。如果可以的話，他很想請假不去公司，但是他並不能這麼做，只能正常地到公司上班。**只要在盡量不造成負擔的前提下表達關心，你的溫柔一定就會傳達給他。**

關於今天的決定

現在的你很消極。之所以會對工作或戀愛萌生退意都是因為這個緣故。但是等到明天，你就會改變主意。假如不是必須現在馬上決定的事情，就試著等一天看看吧！

關於今天的工作

今天是拿不出工作熱忱的一天。於好於壞都沒有任何「動靜」，所以你才會提不起勁。**等待事情開始動起來吧！** 在這種時候也可以做些處理雜務之類的事情，把心力放在重整旗鼓喔！

戀愛篇

那個人對你的感覺

他發現和你待在一起**會讓自己被每一天的「戰鬥」搞得精疲力竭的內心獲得平靜**，對給予他短暫休息時間的你充滿感謝。不過，他應該也有一種不能一直這樣下去的感覺。

兩人今後的發展

互相傷害的情況會逐漸平息。可是要擔心其中混雜了**「我們應該不會順利走下去」這種放棄的心態。**或許稍微拉開一點距離才會讓彼此的愛意變得更加濃烈。

那個人現在在做什麼？

他正在讓大腦休息。因為工作或人際關係上的糾紛暫時告一段落了，所以他覺得**「必須趁現在休息一下」。**不過，他也想重新制定從今往後的策略，內心似乎沒有達到真正的放鬆。

我們有一天會復合嗎？

現在應該還不到考慮復合的時候。就算不停想著該怎麼做才能回到過去也不會有答案，搞不好還會讓走投無路的感覺越發強烈。暫時放空大腦吧！**試著休息一陣子不談戀愛才能捲土重來喔！**

那個人的心是否只屬於我？

他想要一直躲在自己的龜殼裡面，最近對你的關心或聯繫可能會略微減少。你應該會因此感到非常孤單。只不過，**他並沒有變心，只是需要休息一下而已。**

─寶劍 4─
人生篇

工作好累──以後會越來越好嗎？
你可能太認真工作了。雖然你自己應該覺得「才沒有這回事」，然而**工作效率降低是過勞的證據**。要不要試著給自己一些回復時間？你會恢復活力，狀態也會跟著變好。

人際關係好煩──有解決辦法嗎？
請你試著把自己的主張撤銷一次看看。如此一來，「氣氛」應該就會慢慢發生改變。就算有你覺得「不說對方就不會懂」的事情也要堅持忍耐。實際上，或許**「無言的壓力」會更有效果**。

莫名感到空虛──是少了什麼？
你是不是一直睡眠不足？之所以感到空虛是因為大腦已經累壞了。**你缺少的是「睡眠」或「休息」的時間**。確實保留這些時間吧！也請避免在同一件事情上鑽牛角尖。

好想被拯救──我該做什麼？
你一直在原地打轉。總之，先休息一下吧！就不好的意義上來說，**情況固化不動了**。要脫離苦惱需要歸零重來。只要間隔一段時間再重新來過，一切就會變得很順利吧！

我的未來──接下來會發生什麼事？
本來進展飛快的事情可能開始出現停滯。不過，**這只是暫時性的低潮**，每個人都會有這種時候。不要驚慌急著想知道究竟是哪裡不對，稍微休息一下，等待情況好轉吧！

FIVE of SWORDS

寶劍 5

在贏家的背後

必定有輸家的身影。

注意別為了不值得爭取的戰鬥

遭人怨恨！

贏家及輸家 ● 切割 ● 一人獨得的位置

● 成功贏到最後 ● 誤判放棄時機

每日篇

給今天早上的你

幸運地，你會獲得宛如「天上掉下餡餅」般的勝利。儘管會是豐收的一天，在你歡天喜地的同時，光照不到的暗處一定也有人在暗自失望。**把喜悅全表現在臉上會引人反感**，最好多留意。

給今天晚上的你

你可能覺得心情不太舒坦。應該是因為雖然發生了「好康的事」，卻沒有可以陪你一起開心的人吧！你也有**像是把「吃虧的事」推給別人之後的那種作賊心虛的感覺**嗎？那是因為你是個好人。

那個人今天的心情

他想認真思考在這家公司裡一路贏到最後的策略。「該用什麼方法搶先周遭的人呢？」邊想著這種問題邊過日子。最近這陣子**他屢戰屢敗，因此情緒非常暴躁。**

關於今天的決定

今天可能會不得不做出艱難的判斷。要是不先搞清楚「自己究竟想得到什麼」，就得當心會做出錯誤的決定。**如果希望其他人喜歡自己，最好避免做出私吞利益的舉動。**

關於今天的工作

從某個人那裡接手的工作或許**能有意想不到的好結果**。你應該會覺得非常走運。但這天要留意工作上的人際關係。不管你的意見再怎麼正確，也要避免駁倒對方。

戀愛篇

那個人對你的感覺

他無疑是喜歡你的。只不過，在那之中或許包含了某種**自我中心的想法。**比方說，他想獨占你並非只是出於純粹的愛，而是想沉浸在把炙手可熱的你占為己有的勝利感中。

兩人今後的發展

你們會需要消除意見的對立。假如硬是讓對方答應你的要求，他應該會有所不滿。反之亦然。若以對方的想法為優先，你的內心則會備感挫折。**首先，整合雙方的意見吧！**

那個人現在在做什麼？

他正在生意場上一決勝負。可能正在與精明的競爭對手搶奪客戶或訂單也說不定。不過，**他應該會在這場勝負中機智奪勝。**但是造成的精神疲勞極為龐大，所以請你慰勞一下他吧！

我們有一天會復合嗎？

這是一張代表在與他人的競爭中獲勝的牌。如果對方是被別人搶走的話，就代表**搶回來的時機即將到來。**你可以等著那一刻的來臨就好。因為最終能夠理解他那個難搞個性的人就只有你了。

那個人的心是否只屬於我？

你可能有很多想讓他改變心意、看向自己的情敵，不過不必擔心。他的心不但是屬於你的，而且**情敵遲早都會放棄這個念頭離他而去。**請你不要先放棄喔！

—寶劍5—
人生篇

工作好累──以後會越來越好嗎？

看來快要半途而廢的人並不是只有你喔！在你所待的**業界，絕大部分的人應該都迎來了艱困的時代**。只要不放棄就能成為贏家，但可能會贏得相當痛苦。說不定跳槽到其他業界也是不錯的選擇。

人際關係好煩──有解決辦法嗎？

也許表面上看起來都是同伴，實際上每個人都是競爭對手；或者是**發生了派系鬥爭，導致人際關係變得異常尷尬**。假如你想要真正的朋友的話，不妨去尋找可以更自在相處的社群吧？

莫名感到空虛──是少了什麼？

請你回想起來，這個世界並非純粹是由輸贏所構成的。在競爭社會中**不停互相爭奪排名或人氣會導致人變得自暴自棄**。因為不論輸贏都永無止盡，所以才會感到空虛。

好想被拯救──我該做什麼？

請你想想**自己是為了什麼而爭**。是不是一心只有「無論如何都不想輸」的念頭，在不知不覺間迷失了自我呢？如果是這樣的話，就請你脫離戀愛或事業的「戰場」吧！這麼做才是真正的勝利。

我的未來──接下來會發生什麼事？

你將能夠確立由你一人獨得的位置。這毫無疑問是個令人開心的結果。但是要注意一點：在你接連得勝的過程當中，周遭的人是否在離你而去。獨自霸占好位置的人會很容易受到他人排擠。

寶劍 6

真正的智者
是向更聰明的人借取智慧的人。
有的世界需要透過他人的帶領
才會敞開大門。

遠離問題 ● 幫手登場 ● 過渡期 ●
避免衝突 ● 依靠他人 ● 保留實力

─ 寶劍 6 ─
每日篇

給今天早上的你

今天或許不是可以完成很多事的一天，**但卻是一個轉捩點。**不要給自己太多壓力，態度從容地處理事情。唯有這樣做好事前準備，才能從明天開始邁向成功。

給今天晚上的你

你應該可以遠離問題。繼續這樣保持安靜、不要出聲。**要是有可以依靠的人，就把問題交給對方。**即使你不去努力，對方應該也會處理得很好。放心好好休息吧！

那個人今天的心情

他今天想要稍作休息，打算放鬆大腦、保留體力，為明天以後做準備。假如是隨便聊聊的話他很歡迎，不過會想避開帶著難題來找他的人，覺得這些還是改天再說吧！

關於今天的決定

現在下決定可能還言之過早。你需要觀察事物的推移。例如**等等看對方會如何出招**、上次的工作出現了什麼結果，在知道這些答案之前，請你先不要輕舉妄動。

關於今天的工作

光是準備下一個工作可能就耗盡了你今天的所有精力。這樣就好。就算從明天開始再認真努力也來得及。而且今天**宜聽從「周遭的建議」。**把判斷交給上司吧！

戀愛篇

那個人對你的感覺

他似乎有想帶你去某個地方的想法,也可能是想要替你承擔你的辛勞。只不過,他希望你把戀愛的主導權交給自己,心裡想著:**「相信我,跟著我走吧!」**

兩人今後的發展

從現在起,你們會暫時進入一段對於這段戀情會走向何方沒有確切答案的時期。不要太過緊張,**隨波逐流、隨遇而安**,這樣結果對你來說才會是好的。不要試圖強迫對方改變心意。

那個人現在在做什麼?

他應該正在移動當中,若非如此,就是在安全的地方思考事情。搞不好他的心裡有想到你喔!他正在推敲琢磨兩人今後的發展,但似乎**還沒出現決定性的答案。**

我們有一天會復合嗎?

現在對你們兩人來說是為了前往下個階段的「過渡期」。暫時保持距離應該可以讓彼此冷靜下來。只要保持鎮定、不要慌張,**這段冷卻期遲早都會結束**,接著展開一段全新的關係。

那個人的心是否只屬於我?

他的心現在正朝著你的方向慢慢靠近。然而,**他與過去的訣別目前還沒有澈底結束。**請你再稍微等他一下。只要這麼做,總有一天,他會變成只能愛你一個人。

─寶劍 6─
人生篇

工作好累──以後會越來越好嗎？

當然會更好。只不過，為了達到這個目的，應該要聽從他人的建議會比較好。**貫徹自己的作風恐怕將導致成長停滯。**現在最好照上司或前輩說的去做。另外，也請你遵守「業界的傳統」。

人際關係好煩──有解決辦法嗎？

請暫時讓想試圖改變對方的心情沉澱下來。這樣才能停止看不見的「主導權之爭」，使情況開始發生改變。而至於**一對一的糾紛，也許請第三方居中協調會比較好。**

莫名感到空虛──是少了什麼？

你沒有嚴重不足，還請放心。空虛感應該也很快就會消失了吧！世上本就不存在十全十美的人生。不足之處可以靠下工夫來彌補。如果有無法憑一己之力完成的事，**就試著借助別人的力量吧！**

好想被拯救──我該做什麼？

你要不要暫時離開那裡呢？就算繼續為了煩惱想破頭，現在也不會得到答案。還不如把注意力轉向那些可以讓自己分心的活動。這樣一定會出現願意拯救你的人。

我的未來──接下來會發生什麼事？

轉移「戰場」的時刻即將到來。也可能會出現像是**換工作、步入下一段戀情**之類的發展。總而言之，你會從人際關係的衝突當中抽身。遲早有一天，你會覺得這樣做才是對的。

寶劍 7

倘若確信

悄悄進行才是最好的作法,

那就做好覺悟,付諸行動吧!

失誤絕對不會被輕易饒恕。

息事寧人 ● 祕密戀情 ● 隱藏真心 ●
狡猾的心情 ● 別無他法 ● 捷徑

每日篇

給今天早上的你

想避免衝突的話，就只能偷偷來了。雖然可能會在事後造成問題，但這麼做比遭到反對、被迫停下腳步更有好處。假如**你有覺悟要背負搶先眾人的風險**，就可以試著去實踐看看喔！

給今天晚上的你

如果你有事情不想被別人知道，行動的時候就要非常小心。躡手躡腳、**偷偷摸摸地做到最後才是關鍵**。你覺得不必這麼戰戰兢兢嗎？那你說不定會後悔「是我當時太天真了」。

那個人今天的心情

他想避開麻煩事。那個即使嘗試交涉卻仍舊未果的人可能一直在他的腦中陰魂不散。除此之外，他也可能正想著「要是能從這個令人興致缺缺的派對上偷偷『落跑』就好了……」之類的事。

關於今天的決定

你是不是正想要使詐呢？雖然那可能的確是個有效的作法，但請你**也要將事跡敗露之後會惹上麻煩的可能性列入考慮。**若打算不經過某人就去做需要對方許可的事情也要謹慎行事。

關於今天的工作

因為嫌事前溝通麻煩就擅自將工作往下進行可是會挨罵的喔！**為了避免主管說自己「毫不知情」，請你確實向上呈報。**假如你是在為了超越對手而擬定暗中悄悄執行的策略，那你並沒有錯。

戀愛篇

那個人對你的感覺

雖然他喜歡你，但是還不想被你察覺這份心意。「因為害羞，所以才刻意不讓你發現」，或是「不想被身邊的人察覺，想偷偷摸摸地談戀愛」，應該是這兩種可能的其中一種吧！

兩人今後的發展

有可能會開啟一段永遠不為外人所知的祕密關係。倘若兩人的關係已經相當密切，則代表對方可能正在心裡悄悄盤算著什麼。說不定他打算送給你某種「驚喜」唷！

那個人現在在做什麼？

塔羅牌映照出他現在鬼鬼祟祟做著壞事的模樣。如果你心裡有數的話，那就是了。或許是明明告訴他「身體不舒服不行喝酒」，但他還是在偷偷地喝吧！

我們有一天會復合嗎？

假如你們要重新復合，就代表到時候你可能會從某個人身邊把他搶走。預先做好當「壞人」的覺悟吧！萬一你的良心不能允許，那要不要去尋找另一段戀情呢？要選擇哪一種都取決於你。

那個人的心是否只屬於我？

會這麼問是因為你「心裡有鬼」嗎？比方說，是因為你雖然成功橫刀奪愛，卻又擔心對方會不會沒過多久就想與舊愛「再續前緣」？不過你大可放心。他的心是你一個人的。

—寶劍7—

人生篇

工作好累──以後會越來越好嗎？

你應該是覺得即使自己認真努力，也絲毫沒有得到任何回報吧？然而要是在這裡投機取巧，**就算能得到「分數」，也會丟了「信用」。**別忘了追求短期的利益會影響長期的職業經歷。

人際關係好煩──有解決辦法嗎？

對方或許對你有不信任感，感覺自己在不知不覺中被你玩弄於股掌之間，因而想要抵抗。假如只是誤會一場的話，**就努力找回對方的信任吧！**要不要試著尊重他的意見呢？

莫名感到空虛──是少了什麼？

說不定是**躲躲藏藏這件事讓你累壞了**吧！例如公開地下戀情等等，雖然你想大方地在眾人面前揭露自己想做的事，但現在應該還很困難吧！現在是忍耐的時候。請加油吧！

好想被拯救──我該做什麼？

居心叵測的人或無法溝通的人害你處在一個痛苦的立場。與其導正對方的心態，**不如制定保護自己不被對方阻撓的策略。**因為這個世上偶爾也有「正面進攻」不管用的時候。

我的未來──接下來會發生什麼事？

執行大膽計畫的時刻似乎就快到了。你決定要從自己再也無法忍受的對象身邊悄悄離開，並且付諸實行。儘管過程令人心驚膽戰，但是一定會很順利的。**你會成功逃離對方的掌控。**

寶劍 8

從一個人被柵欄包圍、遭到綑綁
的模樣可以想見的是，
過去世人對他束手無策。
也許是因為反抗得太激烈了。

Key
Word

被束縛 ● 叛逆的 ● 做過頭 ● 不自由 ●
不明智的舉動 ● 無法表達不服的情況

─ 寶劍 8 ─
每日篇

給今天早上的你

你必須表現得聰明一點，否則將會大難臨頭。**千萬不可以肆無忌憚地愛怎麼樣就怎麼樣**。暴飲暴食的話會被醫生下達禁令；說別人壞話的話則會遭到封口喔！

給今天晚上的你

我懂你懊悔的心情，但這次你的作法可能也有某些不恰當的地方。要是你沒有澈底遵守規則，反省也是有必要的。別擔心。**每個人都有失敗的時候**。請不要那麼沮喪。

那個人今天的心情

他的心情相當低落。說不定是在遭受到意料之外的抨擊這件事情上嚴重受傷；或者是有某件工作不允許他隨心所欲地自由發揮，讓他有受到拘束的感覺。

關於今天的決定

我知道你對處處受限有所不滿。要是有更多預算或時間的話，選項就會變得更豐富了吧！但是這並不代表你就一定毫無選擇。現在請**做出能力所及的決定，在這個範圍之內盡情享受吧！**

關於今天的工作

今天有很強的「被強迫感」，可能是難以發揮自主性的一天。還要擔心被高壓的上司或顧客弄得焦頭爛額。但若是從對方的角度來看，你今天的行為可能就像個「叛逆的人」。**請小心不要把事情鬧大**。

戀愛篇

那個人對你的感覺

他其實有各式各樣的意見想一吐為快。可是他認為，要是把想說的話通通說出來，說不定會惹你生氣或害你傷心……。之所以會努力忍住並表現出順從的樣子，是因為他喜歡你唷！

兩人今後的發展

請小心不要演變成互相束縛的關係。完全仰賴「不想失去對方」的心情採取行動是消極的愛人方式。慢慢轉換成「想讓對方更愛我」這種積極的方式吧！

那個人現在在做什麼？

他被某個人綁在某處。也許是工作的預定計畫延宕，導致他無法從現場抽身；或是一直聽著某個遲遲不肯消氣的人沒完沒了地抱怨或客訴。情況令人相當難受。

我們有一天會復合嗎？

「你說什麼我都會照做，求你回來吧！」這樣拜託他的話，你們說不定就能復合。但公開宣布會任由對方擺布什麼的根本一點都不像你吧？表現得再強勢一點。這樣才能實現真正的復合。

那個人的心是否只屬於我？

你很希望是這樣吧？然而你越是期盼，對方就越是反抗。他不想要被人綁住，無法消除「服從別人這種事恕難從命」的反抗心理。認同他這種人生態度，他說不定就會改變心意。

人生篇

工作好累——以後會越來越好嗎？

要不要考慮經營副業呢？維持現狀的話，就算是不想做的工作可能也無法說不，**只能勉為其難地繼續下去。**「我還有其他收入來源！」建立這種狀態才能大聲說話。鍛鍊可以成為次要收入的技術吧！

人際關係好煩——有解決辦法嗎？

問題也許不是出在人際關係。**離不開自己不想有所交集的對象所在的地方才是問題。**就目前的情況來說，除了好好相處以外別無他法。但是隨著時間流逝，情況應該也會慢慢改變。

莫名感到空虛——是少了什麼？

這種心情不就像是個叛逆期的孩子嗎？對這個社會充滿不滿、想要抵抗，卻又感到「力不從心」。然而**跟你懷抱同一種空虛的人多不勝數。**去尋找同伴，改變社會吧！

好想被拯救——我該做什麼？

現在最好不要貿然反抗。即使向父母頂嘴、與讓你一肚子氣的人發生衝突，你也只會傷得更重而已。不過，**只要你安分守己，對方也會把態度放軟。**別再抵抗了。

我的未來——接下來會發生什麼事？

你自由奔放的行為可能再也不被允許了。或許是你肆無忌憚的恣意妄為有些過頭了吧！一旦身體出現狀況或人際關係惡化就要**乖乖反省。**這樣做才是最好的。

寶劍 9

當事情看似絕望時，
很容易覺得「沒有未來」。
但是明天仍會到來。
這就是人生。

悲觀 ● 感到絕望 ● 沉浸在悲傷之中 ●
偏見 ● 有氣無力 ● 罪惡感及後悔

―寶劍9―
每日篇

給今天早上的你

你的心情或許不太美麗。到昨天為止的後悔、罪惡感、對未來的負面想像……每一樣都是讓你的心無比晦暗的原因。可是什麼都還沒開始。**展開這一天，開始挽回吧！**

給今天晚上的你

你正抱著找回安寧的期待準備上床睡覺了吧？但你的心依然被罪過或後悔緊緊束縛――因為過去的日子無法改變。正因如此，**你要不要把明天變成「沒有後悔的一天」呢？**帶著這股決心休息吧！

那個人今天的心情

他似乎正在遭受後悔的折磨。「要是我沒有那麼做就好了……。」這麼想的他完全沉浸在悲觀絕望的情緒之中。**他覺得「一切都已經沒救了」**。請告訴他並沒有這回事吧！

關於今天的決定

不會結束的苦惱似乎還在繼續。該選哪邊？該怎麼做？今天可能還是很難做出決定。**是時候意識到「自己決定不了」了吧！**要不要停止依賴思考，交給情感來決定呢？

關於今天的工作

請不要在開始之前就放棄。工作士氣低落是因為這個原因。**因為你覺得「已經看得到結果了」，才會提不起精神好好努力。**然而那是你的偏見。敞開緊閉的心扉，再挑戰一次吧！

戀愛篇

那個人對你的感覺

他的心情和在腦袋裡不停唱著催淚情歌的時候一樣悲觀。他絕望地認為，**不管自己再怎麼愛你，依舊無法得到你的全部**……。明明事情就不是這樣，他卻還是忍不住這麼想。

兩人今後的發展

你們將進入悲觀的想法化為現實的時期。或許你和他都認為**「早就覺得遲早會變成這樣了……」**。既然如此，你們應該看見問題了。知道原因的話就還能補救。不要放棄啊！

那個人現在在做什麼？

他正抱著宿醉的頭在床上痛苦掙扎；或是趴在公司的辦公桌上，向所有人強調自己累到不行……。總而言之，**他今天沒辦法努力**。所以請不要對他抱有任何期待。

我們有一天會復合嗎？

你怎麼認為？你相信你們可以復合嗎？不是其實在內心某處想著「絕對不可能再回到從前了」嗎？既然這樣，**不如把關係砍掉重練還比較好**。過去的事情就忘了吧！

那個人的心是否只屬於我？

因為覺得「好像並不是這樣」，你才會止不住地感到悲傷。會這麼想也莫可奈何。只要看到現狀，就會發現確實如此。但是未來可就不一定囉！此時此刻的情況只屬於當下。**要絕望還太早了。**

─寶劍 9─
人生篇

工作好累──以後會越來越好嗎？

你的心應該傾向「放棄」，只是沒有下定決心。**應該是很害怕會後悔吧？** 那就再稍微等一下吧！等到你覺得「再也受不了」的時候就會停止糾結了。可以辭得乾淨俐落。

人際關係好煩──有解決辦法嗎？

假如你不打算積極改善關係的話，以後就再也不要期待對方會比較好喔！這樣子你們會相處得更輕鬆自在。**不要抱有「對方可能總有一天會改變」這種半調子的期待。**

莫名感到空虛──是少了什麼？

你應該是還沒有從過去的傷痛中振作起來吧？每到天亮就感到憂鬱空虛是你曾經度過的那段艱辛時期所留下的痕跡。**試著改變床鋪的位置**會讓心情煥然一新。外出旅行轉換心情也不錯喔！

好想被拯救──我該做什麼？

無法擺脫悲傷的情緒是因為你非常絕望。你是不是不停地告訴自己「任何地方都不會有救贖」呢？這句話是錯的。**只要還有明天，你的人生就必定會迎來獲得救贖的那一天！**無論如何都要好好活著。

我的未來──接下來會發生什麼事？

你會在某個瞬間陷入絕望，但是這樣實在太悲觀了。儘管人生中確實存在一切看起來都染上了悲傷色彩的時候，**但是只要不封閉心扉，光芒就會從另外一側照進心房。**請不要築起高牆。

寶劍 10

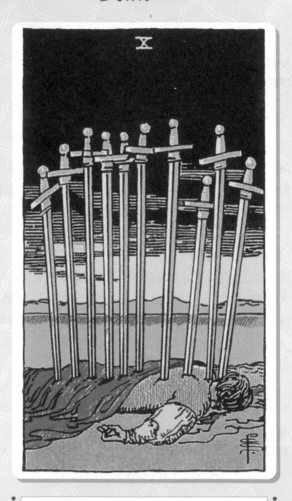

不服輸的人會在一敗塗地前
拼著一口氣繼續奮鬥。
等到無處可逃的那一刻
才終於死心。

 Key Word　一敗塗地・得出結果・沒有反駁餘地・
停戰・認輸・讓人無處可逃・不抵抗

─寶劍 10─
每日篇

給今天早上的你

假如你一直都覺得「自己所向無敵」的話就要特別小心！也許就只有今天不能如你所願。有可能會需要認輸。不過，你很了不起。一直努力不懈地奮鬥至今。請**用一句「辛苦了」誇獎自己吧！**

給今天晚上的你

今天的酒說不定只有苦澀的味道。你應該正在為令人失望的結果黯然傷神吧！但是沒有人不曾體會過這種心情。**所有人都會嚐到挫折的滋味。真正的勝負是在那之後的事。**

那個人今天的心情

他今天似乎有種**可以坦然認輸的心情。**截至昨天為止的愛逞強會通通消失，產生「是我不好」、「我錯了」之類的想法。搞不好還會為了之前的事情向你道歉。

關於今天的決定

如果你正準備從進行得不順利的事情抽身的話，那就對了。最好今天之內開始清算。你自己應該也很清楚，就算繼續意氣用事也毫無意義。**只要具備認輸的果決，下一次就會很順利喔！**

關於今天的工作

並非只有勝利才是成功。今天就先投降吧！「我認輸了！」能夠乾脆說出這句話的寬宏度量──這才是吸引眾人、為人所愛、讓其他人願意帶領你抵達成功的契機。

戀愛篇

那個人對你的感覺

他好像終於意識到「自己是真的愛上你了」唷！雖然他因為你的態度大受打擊，但拜此所賜，他才能發現「是愛上你的自己輸了……」。從今以後，他應該會變得更加坦率。

兩人今後的發展

吵架或衝突會出現結果。應該會透過某一方先認輸來言歸於好。要是聽到這句話就以為對方會讓步，那你可能太天真了。搞不好說「對不起」的人會是你喔！不過，那樣也沒關係吧？

那個人現在在做什麼？

他應該正在拜訪某人並向其低頭；或是收到某個令人惋惜的結果，正在舉辦用來慰勞大家的小派對。他的心情相當沮喪。這時候就需要開朗的安慰。把你的朝氣分給他吧！

我們有一天會復合嗎？

倘若能夠承認一切都結束了，復合的那天就近了吧！「我們一定還沒結束……。」還在這樣依依不捨不但會認不清現實，而且看起來更像是你在抓著對方。只要你澈底鬆手，對方應該就會追過來吧！

那個人的心是否只屬於我？

他正在逐漸變成只屬於你的他。然而這件事卻讓他深受折磨。因為對他來說，「做好愛一個人至死不渝的覺悟」，就代表「與年少輕狂、放蕩不羈且任性妄為的自己訣別」。

─ 寶劍 10 ─
人生篇

工作好累──以後會越來越好嗎？

跌落谷底之後，剩下的就只有往上爬了。這個道理你也懂吧？只是不知道何時才是谷底，因此才會惶惶不安。這張牌說，**現在就是最壞的時刻，所以已經沒事了。** 以後會越來越好的。

人際關係好煩──有解決辦法嗎？

誰高誰低？誰對誰錯？**還在僵持不下的時候可能會很痛苦吧！** 但是只要得出結論，劍拔弩張的感覺就會慢慢不見，沉重的氣氛也會一掃而空。也可能會改變心態，覺得「誰高誰低都無所謂」。

莫名感到空虛──是少了什麼？

應該是心裡還留著輸掉時的打擊吧！也許在那之後，你就很難感受到自己的價值所在。不過，那件事已經結束了。**自己按下「重新設定」的按鈕吧！** 下次要比什麼呢？帶著期待的心情想想看。

好想被拯救──我該做什麼？

你該做的事只有一件，那就是**告訴自己「辦不到的事就是辦不到」並澈底死心。** 只要能做到這點，不但可以從錯誤的道路折返，還可以放棄早已過時的夢想。在那之後，你會開啟一連串的精采表現。

我的未來──接下來會發生什麼事？

你有可能會結束一場敗仗。說不定會賭氣地想：「都到這裡了，豈能回頭！」明明萬分痛苦，卻一路咬牙苦撐。這份精神著實可嘉！但調整一下方向吧！**你會找到更有勝算的路。**

寶劍侍從

PAGE of SWORDS.

即使身逢悲慘時代，年輕人
依舊嚮往「美好的未來」。
只要繼續放眼未來，
就絕不會對現在感到絕望。

Key Word 　對自己和世界的期待 ● 修行途中 ● 時
代的轉捩點 ● 厲害的新人 ● 進步空間

─ 寶劍侍從 ─
每日篇

給今天早上的你

假你有預感會發生好事的話，這個預感就會成真！**會出現注意到你的領悟力或能力的人**，使你獲得關於興趣或工作的機會；或者你能把握住時機，向心儀對象表達愛意。

給今天晚上的你

今天的你成功地向身邊的人展現了自己的魅力或才能。就算你自己還沒意識到這件事，之後應該也會明白過來吧！**工作邀約或約會邀請如雪片般飛來的日子一定就快到了。**

那個人今天的心情

他正得意忘形地想著：「屬於我的時代說不定要來臨了……。」一定是發生了什麼事情，讓他覺得**社會上的關注及評價都開始往自己身上集中。** 下次見面時，應該會聊到這件事。

關於今天的決定

最好選擇可以從中感受到未來發展性的答案。假如要在新東西和已經非常熟悉的東西之間二選一的話，**請選擇新鮮的那一邊。** 另外，如果是正在猶豫要不要做某件全新的事，則可以選擇「試試看」。

關於今天的工作

不要懶散拖沓是這天的關鍵。 今天的你是眾人投以關注視線的焦點。展現在「熱忱」和「能力」兩方面都令人印象深刻的工作表現吧！若能做到這點，下次一定會有大顯身手的機會降臨到你身上！

戀愛篇

那個人對你的感覺

他很在意**你給他多高的評價**。如果最近聊到很多工作上的
話題,那是他在向你展現自己:「你看,我是個很能幹的
人吧!」請不要誤解成「工作比你更重要」的意思喔!

兩人今後的發展

儘管情況險峻,你們的愛火卻可能會越燒越旺;也可能是
正因為見不到面,所以變得更想見面。你似乎也會對未來
產生樂觀的想法,開始覺得如果兩人一起,就一定可以度
過難關。

那個人現在在做什麼?

他說不定正在進行跟工作或興趣有關的「訓練」,或是在
努力學會新機器的操作方法。有種**「只要能做到這件事的
話就可以開拓未來」的心情。**應該很開心喔!

我們有一天會復合嗎?

你們上次之所以交往不順,全都只是因為你還不了解他。
「這次一定會很順利的!」只要保持這種樂觀的心態,就有
足夠的可能性將「想法」化成現實。**拋開陰暗的念頭吧!**

那個人的心是否只屬於我?

至少跟遇到你之前就已經認識的異性相比,他比較喜歡
你;但倘若日後出現新的角色,他移情別戀喜歡上對方的
可能性也不是零。請注意不要發展成**對於會發生什麼都瞭
若指掌的無趣關係。**

—寶劍侍從—
人生篇

工作好累——以後會越來越好嗎？

這張牌顯示出你身上還有難以估計的可能性。你心裡一定也有「我現在才要開始表現」的期待。既然如此，**就不可以在這裡說喪氣話喔！** 競爭雖然辛苦，但還是要緊緊跟上大家的腳步。

人際關係好煩——有解決辦法嗎？

等待世代交替吧！**今後你的地位一定會步步高升。** 到時候，可以自由去做的事情會變得更多，受到拘束的感覺也會消失不見。離開這裡著實可惜，現在先忍一忍吧！

莫名感到空虛——是少了什麼？

你此刻感受到的是「停滯不前的空虛感」吧？要不要進到不一樣的世界呢？增加其他興趣、開始啟用以前沒用過的社群軟體，只要這麼做，**你應該就會以新人的身分受到關注，人生變得樂趣無窮。**

好想被拯救——我該做什麼？

讓自己有更多機會**為強者或正在發光發熱的人做出貢獻**吧！你的奉獻會打動對方的心，讓他們願意伸手拉你一把，或是帶你前往不同世界。人生會發生改變。你會得救的吧！

我的未來——接下來會發生什麼事？

你有可能會見證時代的轉捩點。原本那些裝模作樣的人會一個個消失，**年輕的後起新秀逐漸抬頭。** 說不定你自己或你珍惜的人也會成為將在今後大放異彩的其中一人！

KNIGHT of SWORDS

寶劍騎士

拿不出幹勁或戰鬥意志
是因為不曉得什麼才是對的。
相信「自己是對的」的人
才能擺出強勢的態度。

 勇猛果敢 ● 戰鬥意志 ● 勇敢的人 ● 衝
刺 ● 富有正義感 ● 變革 ● 追求正確性

─寶劍騎士─
每日篇

給今天早上的你

你今天可能會被說話不經大腦或不遵守禮節的人惹怒好幾次。我懂你的心情。會覺得不能原諒這種人吧？然而**在盛怒之下行動是衝突發生的源頭**。壓抑自己的心情吧！

給今天晚上的你

今晚似乎是個思緒莫名清晰的夜晚。腦中會接二連三地靈光乍現，閃過「下次碰到時，我要對他這麼說」、「明天的會議上，我要這麼做」等等的想法。最好趁衝勁還沒消失先鞏固決心。

那個人今天的心情

他正受到正義感的驅使，可能非常想要教訓壞人。此外，他還有種想朝阻撓自己計畫的人臉上狠狠咬一口的心情。那張側臉嚴肅緊繃，**你可能會忍不住重新愛上他喔！**

關於今天的決定

總而言之，今天做出你認為是「正確的」選擇才是最好的。萬一做出讓自己心虛的事，之後可能會產生無法原諒自己的心情。**果斷堅決地斬斷誘惑**，保持清廉的心吧！

關於今天的工作

可能會發生讓你氣到皺眉的事，但你會因此受到刺激，從而提振工作士氣。不但能手腳俐落地以飛快的速度達成績效，**甚至還能主動出手解決公司內部的問題**。你會再次被自己的能幹嚇一跳吧！

戀愛篇

那個人對你的感覺

他想要把你搶走的心情正在逐漸高漲。「你已經屬於另一個人」這件事讓他再也忍無可忍了。縱然這只是誤會一場，現在的他對你抱有強烈的愛意也是千真萬確的事。

兩人今後的發展

也許會出現符合你期待的發展。在激情的驅使之下，他會前來奪走你的心。**因為他深信這樣做才是對的，所以才能夠勇敢出擊。**內心的迷惘似乎消失了。

那個人現在在做什麼？

他正在為了實現正義而戰。也可能是正秉持「自己才是該站在頂點的人」這樣的信念參與奪位之爭。疲勞可能會在之後一口氣湧上來。正是這種時候，他才會來尋求你的溫柔慰藉吧！

我們有一天會復合嗎？

若你們是疲於為了不同的意見爭執不休才分手的話，現在最好還不要復合。他的心情並沒有變。而**你應該也不打算改變自己的主張吧？**等待彼此的價值觀發生變化吧！

那個人的心是否只屬於我？

「你應該只看著我啊！」如果你的心裡是這麼想的，這種心情就會傳達給對方。只不過，他會心生反抗，**想告訴你：「愛並不是義務！」**也許不要表現出占有慾會比較好喔！

—寶劍騎士—
人生篇

工作好累——以後會越來越好嗎？

你會認真拿出戰鬥的意志。現在畏畏縮縮的你應該再過不久就振作起來了，開始為了徹底翻轉情況燃燒鬥志拼命工作。只要再過個半年，你肯定會成為**鶴立雞群的存在**。

人際關係好煩——有解決辦法嗎？

有什麼事情讓你抱著「我贏不過這個人」、「就算說了也得不到理解」的想法默默忍耐嗎？**但你想主張的論點不僅很對**，而且一定還能得到他人的贊同。不妨拉攏身邊的人，試著放手一搏吧？

莫名感到空虛——是少了什麼？

有太多模稜兩可的事了。把那些不明不白的事情通通解決掉吧！只要有心想找，就一定可以找到「正確答案」。**千萬不可以嫌麻煩**。請去查查資料或找人商量吧！

好想被拯救——我該做什麼？

說不定你是因為違背了自己的良心才會如此痛苦。調整心情、重新來過吧！現在就覺得「萬事休矣」還言之過早。**只要你面對困難勇往直前，必定會得到救贖**。大膽挑戰吧！

我的未來——接下來會發生什麼事？

你會作為一位**為了將腐敗不堪的組織導回正途的戰士**開始大放異彩。這樣的日子也許會從投下清廉的一票或開始聲援某個人揭開序幕。這是改變社會、公司或家庭的機會。強勢奮戰吧！

QUEEN of SWORDS

寶劍王后

QUEEN of SWORDS.

為煩惱所苦的人會選擇依靠
經驗豐富且理性沉著的人格特質。
有時「冷靜的人」會比
「很好的人」更受歡迎。

聰明的人 ● 諮商師 ● 顧問業 ● 用理性
給出答案 ● 有經驗的人 ● 保持格調

每日篇

給今天早上的你

可能會有人來找你商量事情。最近有越來越多人來投靠你，是因為你的聰明才智和冷靜沉著受到矚目。一邊與對方說的內容產生共鳴，一邊**參考自己的經驗給出建議**吧！

給今天晚上的你

試著從退後一步的位置觀察自己吧！這樣你才能夠走到正確答案。**在不被情緒吞沒的情況下動腦思考在今晚至關重要**。但是在和喜歡的人說話時，則要注意不要增加「居高臨下」的發言。

那個人今天的心情

他不想感情用事。在這種日子**找他吵架相當危險**，可能會因為被他冷處理而傷得更重。不過，今天是很適合找他商量事情的日子。他會成為一位可靠的諮商師喔！

關於今天的決定

可以透過衡量得失來判斷。參雜人情既不會帶給對方幫助，對你也沒有好處。除此之外，也可以決定從每天的工作或行程中**刪去不必要的部分**。這是很明智的判斷。

關於今天的工作

仔細聆聽別人說話吧！你會慢慢了解對方正在煩惱什麼、追求什麼。剩下要做的就只有提出解決方案。把這件事做好會讓評價提升喔！以後應該也會有人來找你商量各式各樣的事。

戀愛篇

那個人對你的感覺

他認為自己有派上用場。不但以後也想繼續為你分憂解勞，對於「自己是被你需要的人」這件事更引以為傲。只不過，**他可能沒發現你追求的是更甜蜜、更浪漫的關係。**

兩人今後的發展

你們可能會有更多需要商量的事情或更頻繁地討論。假如是一起工作的話，**工作氣氛會比戀愛氛圍更重**。你或許會有點寂寞。但若以長久的眼光來看，強化在理性層面上的連結是明智之舉喔！

那個人現在在做什麼？

他也許正在接受後輩的諮詢。如果他從事的是顧問類型的工作，忙碌的日子就會持續下去。顧客應該會接二連三地找上門喔！現在是他邁向成功的關鍵時刻。**「工作很忙」這句話並不是在說謊。**

我們有一天會復合嗎？

把想要復合的心情隱藏起來，帶著各式各樣的問題去找他商量吧！在被你依賴的過程當中，**他一定也會慢慢地卸下心防**。就算只是無聊的小事也沒有關係，繼續向他尋求建議吧！

那個人的心是否只屬於我？

看著總是收到來自其他人聯繫的他，你的心或許一刻也不得安寧。但**那是因為有很多人會來依靠他**。考慮到他在工作上的立場，這也是理所當然的事。請不要太擔心啦！

─寶劍王后─
人生篇

工作好累──以後會越來越好嗎？

無論被分配到什麼工作，你都一直不停在回應要求。這份努力正化作「經驗值」，在你身上不斷累積。這是很大的優勢！往後應該**會有越來越多對你有利的發展吧！**

人際關係好煩──有解決辦法嗎？

看來是有很多無法溝通的人吧！「不，所以我的意思是……。」就算試圖說服對方，**對於根本不打算聽的人你也拿他沒輒。**或許你可以不用理會對方。不要過於講究禮節，試著保持一點距離看看吧？

莫名感到空虛──是少了什麼？

你很少和相處起來毫無顧忌的人互動吧？在還沒有打成一片的人面前，你會試圖保持自己的格調，不能盡情地玩，才會無法拉近「內心的距離」。**即使是丟臉的一面也可以試著展現出來。**

好想被拯救──我該做什麼？

這個世上有無數多人正在為和你同樣的事情所苦。為了他們，**你可以試著把自己的經驗說出來。**只要不斷感受到過去的經驗有幫上某個人的忙，你自己便也會獲得救贖。

我的未來──接下來會發生什麼事？

受人仰賴的時期即將到來。也許幾乎天天都會有向你尋求建議的人找上門來，或是你本身會從事相關行業。此外，也可能成為喜歡的人的依靠對象，為此喜不自勝。

KING of SWORDS

寶劍國王

身為王者，不可或缺
令他人不敢造次的風範。
只要不給人可趁之機，
就能堅守城池到最後一刻。

 武 裝 ● 難 以 靠 近 ● 以 言 語 為 武 器 ●
果 斷 拒 絕 ● 冷 酷 的 態 度 ● 愛 講 道 理

─ 寶劍國王 ─
每日篇

給今天早上的你

今天要注意不要光說不練。只是一味把道理掛在嘴邊侃侃而談，沒有人會願意跟著你走。你需要可以撼動人心的話語。並且也要避免過度依賴網路上或書本裡的資訊。你的感覺有可能才是對的。

給今天晚上的你

你很在意用冷漠的態度對待你的人嗎？但是滿腦子都只想著那個人的話，你的表情可能會逐漸僵硬，**導致身邊的人離你越來越。**請找回柔和的笑容吧！

那個人今天的心情

他想表現出堅決的態度。應該是發現都是自己對人太好，**才會被他們隨便利用。**或許他意識到拿出更嚴厲一點的態度會比較好。對於自己不擅長的事，他也打算拒絕邀請。

關於今天的決定

你應該能做出正確無誤的決定。儘管家人或同事可能會有其他意見，但是**沒有任何人招架得住你的反駁。**事情一定就跟你提出的意見一樣。大家都只能認同你了。

關於今天的工作

你今天頭腦特別靈光。在需要知性的工作上應該可以有很好的結果。還會**得到機會展現自己知識的豐富性。**然而，炫耀自己聰明的地方也可能會讓身邊的人對你敬而遠之，要小心喔！

戀愛篇

那個人對你的感覺

他似乎不想把喜歡你的心情表現出來。**佯裝冷靜是因為他害怕自己沉溺於情感之中**，同時也是因為不想被你發現他的寂寞或嫉妒。即使試圖探究他的真心，也可能會被他用一堆大道理反擊。

兩人今後的發展

慢慢覺得自己好像被對方不當一回事的你，應該會認為**「不可以再心軟了」**，開始擺出毅然決然的態度。驚訝於你的變化的對方一定會修正態度。「禮節」會重新回到你們之間。

那個人現在在做什麼？

他似乎正在以堂而皇之的態度與人談判或進行會議。雖然正在與難纏的對手過招，但一步也不打算妥協。這種緊張感可能還會再持續一陣子。**就算沒收到聯絡，也要相信他正在努力。**

我們有一天會復合嗎？

你想透過「說服」的方式來影響對方，讓他願意和你復合嗎？但或許**光靠言語訴說愛情並不會達到任何效果。**對方可能會回答你：「我懂你的意思，但現在做不到。」想想別的辦法吧！

那個人的心是否只屬於我？

他一心只想著你喔！可是，他**不想讓你們的關係變成「流於表面」。**他覺得那種不論何時、走到哪裡都要黏在一起的情侶很快就會對彼此感到厭煩了。不願意每天見面是因為這個原因。

── 寶劍國王 ──
人生篇

工作好累──以後會越來越好嗎？

保持不容許任何不當行為或失誤犯錯的嚴厲態度吧！你維持這樣就好。配合墮落的人或許比較輕鬆，但會失去尊嚴。只要以自己的方式繼續工作，總有一天一定會獲得回報的。

人際關係好煩──有解決辦法嗎？

應該是**你過於出色的表現讓對方覺得很難堪吧！**所以他才會說話挖苦你、挑你毛病，試圖貶低你。只要理解對方的這種心情，搞不好你的心也會輕鬆一點吧！

莫名感到空虛──是少了什麼？

應該是因為你沒有能夠交換意見、互相討論的人吧！若有更多**享受「知性交流」的時間**，一定會讓你打起精神。要是你有什麼事都能聊得上來的朋友，就久違地聯絡對方看看吧！

好想被拯救──我該做什麼？

你累積了很多「為什麼你就是不懂？」的挫折感吧？但是，**你正在面對的是無法用道理溝通的人。**為了取得對方的合作，停止嘗試說服對方，試著和對方打好關係才是正確答案。

我的未來──接下來會發生什麼事？

下定決心不再對自己和他人仁慈的那天即將來臨。你會大力矯正態度，試圖找回「威嚴」。這種心態的轉變會傳達給所有人。應該可以大幅改變原本亂成一盤散沙的氣氛。

Q

好想成為專業的塔羅牌占卜師喔！
我也做得到嗎？

A

當然做得到！
在更早之前，專業占卜師能大顯身手的場合
大多被限制在設有「算命攤位」的地方。

然而時代已經完全不同了。
由於網路普及，在線上也能進行占卜的緣故，
能作為占卜師一展長才的地方
現在正在無限增加。

比方說，
你可以登入某個交友軟體，取得占卜委託；
就連宣傳也只要用網路就能一次搞定。

你需要的只有自信！
「如果是我，說不定可以作為
解讀塔羅牌的專家一直走下去喔！」
只要有這種想法，那你就一定也能
成為厲害的專業塔羅牌占卜師。

即使沒有這種程度的自信，
你也會在持續占卜的過程中獲得信心。

畢竟我們根本不可能
對「沒做過的事」建立真正的自信。
剛開始可以有多一點自信，大膽挑戰吧！
只要邊做邊學就沒問題了。

Minor Arcana
CUP

什麼是聖杯？

圖案跟「愛情」或「感情」有關的塔羅牌是「聖杯」花色的牌組。在每一張牌上，肉眼看不見的心理變化藉由「滿出杯子的水」、「杯子的數量或擺放方式」等呈現出來。

聖杯1

ACE of CUPS.

愛情或喜悅

好似泉中湧出的水。

預感有什麼會受到

滿溢的情緒驅使開始發生。

戀情伊始 滿溢而出的心意 感動
表現情感 湧上心頭的愛 興奮

―聖杯1―
每日篇

給今天早上的你

你會遇見撼動情感的事物。那也許是美妙到讓你無法不告訴別人的商品或作品。或者，**你也可能會邂逅將你的心一把抓住的異性！** 今天應該會是很棒的一天。

給今天晚上的你

精神這麼好應該是因為內心很興奮吧！ 悲傷也好，喜悅也好，如果能趁今晚把自己的想法透過某種形式表現出來，就會誕生出美麗的事物。不妨先試著用文字寫下自己的心情吧？

那個人今天的心情

今天的他難得想要痛快大聊一場。他非常想把自己感受到的事物說給其他人聽。要是找到能夠懂他的人，**他的情感一定會像潰堤一樣傾瀉而出**。應該會聊很久喔！

關於今天的決定

如果要買東西的話，比起價格或功能，請以情感為優先。**你應該順從自己「想要這個」的心情**。這樣才能獲得喜悅。決定進行愛的告白也不壞。因為今天是能夠坦率訴說心意的日子。

關於今天的工作

雖說是工作，但也不代表就需要扼殺情緒。不要光只是依靠理性，**也把你的感受活用在工作上吧！** 如此一來，你才能提供很好的服務或做出打動人心的簡報。

戀愛篇

那個人對你的感覺

此刻的他確實對你抱有好感或愛意。想要帶著你到處去向所有人炫耀、想要稍微利用你一下等等，**他心裡絲毫沒有這樣的盤算。**有的只是「喜歡」這種純粹的心情。

兩人今後的發展

能夠回歸初心的時刻即將到來。會出現更多當初認識時的話題而越聊越起勁的場面。即使面臨種種問題，心中依舊充滿**「我果然還是喜歡他」的想法**，使兩人的心情都開朗起來。

那個人現在在做什麼？

他正心無旁騖地做著自己想做的事；或是**正在為了靠想做的事謀生而做準備。**說不定他終於找到了那件讓他覺得「我想做這個」的事情。他的心情非常充實。

我們有一天會復合嗎？

對分道揚鑣的**彼此產生強烈思念的那一刻即將來臨。**只要在那個時間點復合，你們就能回歸初衷、從頭來過。現在只要靜靜等待對方主動聯絡你就好囉！

那個人的心是否只屬於我？

他最近總是忍不住一直想到你。因為**他對你一片痴心，其他異性應該跟本不被他放在眼裡。**「因為太喜歡你而傷腦筋」是他真正的心聲吧！他似乎不知道該拿自己的愛如何是好。

—聖杯1—
人生篇

工作好累——以後會越來越好嗎？

因為你不喜歡目前的工作，所以才會有一直在做苦役的感覺。但不久之後，你的內心就會產生感情。**對這份工作的熱愛會越來越多**，因此痛苦會得到緩解吧！

人際關係好煩——有解決辦法嗎？

要不要試著到其他地方建立新的人際關係呢？你現在**可以期待自己會與願意接納你的情緒並產生共鳴的人有全新的邂逅。**可以找找看透過「喜歡的東西」來維持聯繫的社群。

莫名感到空虛——是少了什麼？

應該是因為少有能夠撼動內心的事物，你才會覺得每一天都平淡乏味。可以找找能感動自己的電影或小說等作品，或是刻意透過痛苦的運動或減肥來感受達成目標的喜悅。

好想被拯救——我該做什麼？

最好別再強迫自己壓抑憤怒之類的負面情緒。**但以責怪他人的方式把情緒表現出來會造成衝突。**如果是像寫日記之類自己一個人靜靜宣洩情緒的方式，那個行為就會成為救贖。

我的未來——接下來會發生什麼事？

會發生愛在心中湧現的事。**說不定你會愛上某人！**即使是除此以外的事，也會有能夠盡情享受喜悅或樂趣的事情發生。暗示你會度過一段不禁想要唱起歌來的幸福時光。

聖杯 2

得到的愛

跟付出的一樣多

是互相信任的證明。

兩人的心親密無間。

 達到平衡 ● 相互扶持 ● 交換彼此的
愛 ● 合作關係 ● 彼此信賴 ● 兩情相悅

—聖杯 2—
每日篇

給今天早上的你

今天**請你積極借助他人的力量。**打算自己設法解決問題會讓這天變得非常可惜。唯有交換想法、結合智慧才能得到令人滿意的結果。也要讓喜歡的人看見你的心意。

給今天晚上的你

今天可以處得自在融洽的對象是**往後也能和你締結良好夥伴關係的人**，這點無庸置疑。假如是異性的話，代表戀情之後會開花結果；如果是同性則代表友誼一定會成長茁壯。

那個人今天的心情

今天的他**覺得可以相信別人。**他的內心充滿期待，認為只要自己付出什麼，就一定能獲得對方回報的愛情、親切或關心。他也想和心意相通的人待在一起，所以務必要聯絡他喔！

關於今天的決定

與人際關係有關的正面決定會帶來好的結果。**要是有人對你發出邀請的話，可以考慮看看和對方進行更深入的交流。**買東西則要重視情感。選擇自己喜歡的東西吧！

關於今天的工作

應該可以透過工作和某個人建立「信賴關係」。當然，**為了做到這點，請你要「用心工作」喔！**若是把毫無誠意的東西交出去，對方回報你的就會是虛有其表的感謝。

戀愛篇

那個人對你的感覺

他覺得和你在一起不會互相傷害，而是**可以建立相親相愛的關係**。他認為你會回報給他與他付出的量同等的愛，因此心中沒有「愧疚」也沒有「猜疑」，可以一直喜歡著你。

兩人今後的發展

愛的交流會漸漸熱絡起來。假如你為對方做了什麼，**對方便會回報你分量相同的愛**。除此之外，互相幫助的機會也會增加。你們可以變成一個能為彼此提供智慧或資訊的「良好團隊」。

那個人現在在做什麼？

今天說不定是「招待日」。**他可能正在接受他人的招待**，或是反過來正準備盛情款待對自己有恩的人。這對維持信賴關係或工作上的合作關係是不可或缺的時間。他絕對不是在玩。

我們有一天會復合嗎？

當彼此的心意達到平衡的那天來臨時，你們無疑會成功復合。如果現在的你覺得「自己的心意比較強烈」，**就把心情沉澱到和對方一樣的程度吧！**不對等的愛無法獲得對方的青睞。

那個人的心是否只屬於我？

你們現在對彼此的愛程度相當。只要你對他一往情深，**他也會對你死心塌地**，而且這個平衡之後也會一直保持下去吧！你一定會收到與自己的付出同樣多的愛。

—聖杯 2—
人生篇

工作好累——以後會越來越好嗎？

比起專心處理自己的工作，請你更重視與工作上會遇到的人之間的往來，**也就是要建立信賴。**只要把注意力放在這裡，應該就會有很大的發展。孤獨感和疏離感也會消失，暗示你將能邁向成功。

人際關係好煩——有解決辦法嗎？

永遠都是自己在單方面付出讓你一肚子不滿嗎？還是反過來，對總是單方面接受對方的好意感到不好意思呢？無論是哪一種，關係都會逐漸改善。**能夠真正互相幫助的那天將會到來。**

莫名感到空虛——是少了什麼？

你應該是因為對等且自在的人際關係變少了才覺得空虛的吧！若你感受到即使盡力付出也不會獲得回報的寂寞感，**就試著把你的親切轉而分享給其他人吧！**你會收到偌大的感謝，獲得內心的富足。

好想被拯救——我該做什麼？

請你付出愛情。你現在需要的是**意識到「只有愛人，才會被愛」這件事。**向身邊的所有人釋出信任與善意吧！也請接受討厭的人的存在。你們是可以互相理解的。

我的未來——接下來會發生什麼事？

你說不定會遇到以後可以長長久久、一直相處下去的對象；或是終於準備要跟目前心儀的異性**展開「正式交往」。**你和對方應該都能過得非常幸福。恭喜你們！

THREE of CUPS

聖杯3

比起獨自歡喜，
與眾人同樂
才會使幸福度大大提升，
因此人們會舉辦「宴會」。

 親善 ● 分享喜悅或開心的情緒 ● 祝福 ●
款待 ● 熱鬧 ● 提升親密度

─聖杯 3─
每日篇

給今天早上的你

應該會發生好玩有趣或令人高興的事。把開心的心情與他人分享，幸福感就會變得更加強烈。此外，參加地方性的社群也會為今天帶來好運。**積極與人交流互動吧！**

給今天晚上的你

假如你明天預計要和誰碰面的話，就邊模擬想和對方說的話邊入睡吧！這樣從你身上釋放出來的親切氛圍就會增強，讓對方感到非常開心！**無論是談生意或談戀愛都會順順利利。**

那個人今天的心情

他想和其他人一起共度快樂時光。應該是已經厭倦了躲在自己的保護殼內閉門不出，想和親朋好友舉杯對飲，擁有短暫的融洽時光吧！對於你提出的邀請，他應該也會爽快答應。

關於今天的決定

今天做決定的重點是捫心自問**「做這件事情會讓別人感到開心嗎？」**假如答案是「YES」的話，去做就對了！反之，如果是除了你之外，對誰都沒有好處的決定則要避免。

關於今天的工作

今天跟平常就很親近的人一起工作無疑會一帆風順。若要和不是這樣的對象共事的話，**那就先增進「感情」吧！**另一方面，一個人默默耕耘的工作很難在今天取得成果。問問其他人的意見吧！

戀愛篇

那個人對你的感覺

他從你身上感受到不僅止於戀愛的「親密感」。除了把你當成異性喜歡之外，他還覺得你是一個既合得來，又可以分享各種心情的絕佳對象，**似乎也有在考慮結婚**喔！

兩人今後的發展

分享心情的機會將會透過某件事情**從天而降。**譬如看電影，「那個很棒對吧？」「我也這麼覺得！」你們應該會像這樣你一句、我一句地分享心得，感情變得更加深厚。僵硬的氣氛會逐漸消失。

那個人現在在做什麼？

他正在和可以被稱作「夥伴」的人共度時光。說不定是正在和工作團隊開會、聚餐或從事體育活動等等。今天的目的似乎是為了增進感情，改善團隊內部的溝通協調。

我們有一天會復合嗎？

能共同分享喜悅的時刻即將到來，**所以你們應該有機會復合。**交往期間，兩人一起支持的體育隊伍出現了精采表現——要是發生了類似這樣的情況，可以試著用這個藉口來聯絡他喔！

那個人的心是否只屬於我？

他的愛全都灌注在你身上。證據是他很少讓你覺得無聊或害你傷心難過。假如這樣你還是會**擔心的話，應該是因為他的異性緣很好吧？**不過，他的心是屬於你的。

─聖杯 3─
人生篇

工作好累──以後會越來越好嗎？

你會透過工作遇見可以變成好朋友的人。拜此所賜，你會有人可以互相抱怨、商量煩惱，**上班的痛苦應該會有所減輕。**只要覺得「有人作伴」，即便是痛苦的工作，你也能撐過去喔！

人際關係好煩──有解決辦法嗎？

可以分享快樂情緒的事情是不是變少了呢？可能是因為分享的總是悲傷或痛苦，才會害大家心情煩躁、關係險惡。**請等待「不論對誰來說都很開心的事情」發生吧！**

莫名感到空虛──是少了什麼？

之所以會有一種像是「空虛」又像是「寂寞」的情緒，可能是因為**缺乏可以和朋友吵吵鬧鬧玩在一起的熱鬧場合。**前往運動酒吧等可以和在場所有人共同慶祝勝利的地方也許會是不錯的選擇。

好想被拯救──我該做什麼？

只要和一群人分享「幸福的情緒」，你的心應該就會獲得救贖。為此，你必須先找到可以讓你開心的事。**要不要試著開始尋找充滿喜悅的場所**，像是找找想和一大群粉絲一起支持的藝人或運動員呢？

我的未來──接下來會發生什麼事？

收到祝福或祝福他人的情境往後將會迅速增加。包含你自己在內，朋友或家人會有所成長或取得成功，**向彼此互道「恭喜」。**快樂的時光應該也會越來越多。

聖杯4

持續接收

過度的刺激及過多的愛

理所當然會產生抗拒。

別收下不必要的東西。

 Key Word 　開始厭煩的時候 ● 供給過剩 ● 不想要
● 提不起勁 ● 內心的疲勞 ● 反應遲鈍

─ 聖杯 4 ─
每日篇

給今天早上的你

不管做什麼，可能都不會覺得很開心。應該是戀愛或工作上的問題告一段落，**感覺內心正在休息吧！**會有倦怠感也是因為這個原因。不要太在意，慢慢等精力恢復吧！

給今天晚上的你

覺得到之前為止都還很熱衷的事情變得無所謂了嗎？即便如此，那也是因為今晚的你在情感方面感到疲乏了。明天心情應該就會有所改變。**要避免用不負責任的態度**對待自己珍惜的人。

那個人今天的心情

他覺得自己開始對各種事情感到厭煩。**雖然很想換個心情，但是又提不起勁。**感覺好像沒必要努力，同時也打算稍作休息。今天他不論跟誰說話都會心不在焉，所以避免聯繫他吧！

關於今天的決定

今天沒辦法做出很好的決定；同時還**很容易做出讓自己主動放棄某個大好機會的決定**。若是正在猶豫要不要答應某人的邀約，就請對方等你一天吧！到了明天應該就會有心情赴約了。

關於今天的工作

應該會沒什麼幹勁。**還要擔心精神渙散，出現平常不會犯的失誤**。如果覺得精神難以集中的話，就幫自己提個神吧！只要用黑咖啡趕跑睡意，應該就可以多少努力一下。

戀愛篇

那個人對你的感覺

他對你的心意沒有改變，只是覺得你們最近的對話有點了無新意。而且還覺得你已經開始厭倦自己，為此憂慮不安，但似乎不知道該怎麼做才能製造變化。

兩人今後的發展

暫時還沒辦法得出結論，拖拖拉拉的關係應該還會繼續下去。但你可能會覺得維持現狀就好。把對雙方而言都至關重要的決定再延後一段時間才是正確答案吧！

那個人現在在做什麼？

他正在無所事事。可能是正在睡午覺，也可能是心不在焉地看著一直開著的電視節目或影片。情緒沒什麼跌宕起伏。既不高興也不難過，對刺激的反應也很遲鈍。

我們有一天會復合嗎？

你可能覺得即使恢復關係，自己還是會因對方的態度而受到傷害吧！這似乎是害你無法認真朝著復合展開行動的原因，但實際上，只要你有所行動，應該馬上就能復合了喔！

那個人的心是否只屬於我？

他的心是屬於你的。只是最近的他對周遭的事情漠不關心。他現在身心俱疲。對你的態度應該也略為冷淡。但即便如此，這也不代表他另結新歡了。別擔心。

—聖杯 4—
人生篇

工作好累——以後會越來越好嗎？

之所以會覺得每天工作很累，是**因為你已經厭倦了自己手上所有的工作內容**。請採用不同以往的工作方式或試著升級工作用的工具來增加「刺激」。你會找回幹勁的！

人際關係好煩——有解決辦法嗎？

能夠滿足你內心的人似乎存在於其他地方。和目前來往的這些人之間的互動雖然經濟實惠又輕鬆自在，但應該有很多無法互相理解的部分。請注意之前對自己沒那麼親切友善的人。

莫名感到空虛——是少了什麼？

你的情緒麻痺了。因為又哭又笑地經歷了很多事情，你的內心疲憊不堪。**也許你是對照顧某個人感到累了吧！**提不起興致的邀請就拒絕吧！就算告訴對方你想要一個人待著也沒關係。

好想被拯救——我該做什麼？

你現在需要的是**遠離那些讓你已經澈底厭煩的人**。最好跟把自己的心耍得團團轉的人保持距離。除此以外，也請你和有事沒事就想要得到你關注的人離得遠一點。

我的未來——接下來會發生什麼事？

情緒的起伏會沉澱下來。既沒有期待也沒有失望，而是以一顆平靜的心來看待事情。雖然也會感到空虛，**但把情緒暫時歸零也不是壞事。**你會慢慢看見真正重要的事物。

聖杯5

期待「完美」

便會對現實失望。

但損失的只有一部分！

要挽回還有機會。

氣餒 ● 失望 ● 與期待不同的結果 ● 傷
心 ● 沉浸於悲傷之中 ● 剩下的希望

—聖杯 5—
每日篇

給今天早上的你

今天要是帶著過多的期待出門，**就會對對方的回應感到失望，敗興而歸。**沒有人可以時時刻刻保持完美。只要這麼想，應該就用不著責怪對方「為什麼」了吧！

給今天晚上的你

也許發生了令人心灰意冷的事。你很難過吧？儘管如此，你今晚**也該把目光聚焦在殘存的希望或可能性。**只顧著為失去的部分哀嘆實在是太悲哀了。不如想想別的方法吧？

那個人今天的心情

他的心情不是很好。可能遭受了什麼損失，忍不住一直對此耿耿於懷。**說不定也對身邊的人有點「失望」。**總而言之，今天他眼中看不到事情好的一面，心情相當鬱悶。

關於今天的決定

今天很容易判斷錯誤。要避免大筆的花費。可能會對寄來的東西感到失望。然而人不可能做出十全十美的決定。**購物和工作難免都會遇到失敗。**用寬大的心原諒自己吧！

關於今天的工作

可能會發生讓你心灰意冷的事。不過，你應該很快就會重新振作。畢竟**你還有其他必須處理的工作。**只要靠那些工作取得成功，顯然就可以扳回一城！所以打起精神、再拼一次吧！

戀愛篇

那個人對你的感覺

他對你念念不忘。這張牌上充滿了他失去你的悲傷情緒。假如你們並沒有走到這樣的結局，則這張牌代表他現在非常受傷。**也許是你的話刺傷了他的心。**

兩人今後的發展

你們可能會為了不符合期待的結果煩惱糾結。你和他現在或許**都讓對彼此的期待膨脹過頭了。**認清現實是一件好事。在看見原原本本的對方之後，真正的愛情才會開始成長茁壯。

那個人現在在做什麼？

他似乎**正在品嚐敗北的滋味。**應該是覺得自己在業績或企劃等方面敗給了對手吧！為了暫時遺忘悲傷的心情，他說不定正在跟同事喝酒，或是沉浸在電玩遊戲等的虛擬世界當中吧！

我們有一天會復合嗎？

還留有這個可能性。因為**你們並不是完完全全地討厭彼此。**在對方回心轉意，想起你的好或美好的回憶之前，先耐心等待吧！隨著時間流逝，那天一定會到來的。

那個人的心是否只屬於我？

要獨占他是一件難事。這點你自己不也很清楚嗎？塔羅牌說：**「期待會帶來傷害。」**可是如果已經心裡有數的話就沒問題了。他應該遲早有一天會選擇你吧！

—聖杯 5—
人生篇

工作好累──以後會越來越好嗎？

你投注精力的方式錯了。比方說，不要只在「做出好東西」上有所堅持，而是也要在銷售上花點心力，這樣可能會比較好吧！重新檢視自己的工作全貌。你一定會看到那條通往成功的道路。

人際關係好煩──有解決辦法嗎？

請你要好好珍惜那些會珍惜你的人。即使想試圖改變瞧不起你的人，應該也只會徒增失望而已。那個人沒有能力回應你的期待。把你期待的對象換成別人吧！

莫名感到空虛──是少了什麼？

問題出在你「回顧過去的方式」。你最近是不是比較容易想起發生在自己身上的那些令人失望的事情呢？你確實吃了很多苦。不過，你可是一個成功抓住好運的人。以後也會繼續有好事發生唷！

好想被拯救──我該做什麼？

你應該對自己很失望吧！我認為是這個事實在折磨著你。然而「有太多的期待」才是問題所在。現在的你也許不是一個超級明星，但也已經是一個很棒的人了。別忘了自己的魅力。

我的未來──接下來會發生什麼事？

可能會發生讓情緒陷入悲傷的事。不過，這並不代表你會失去一切，所以大可放心。你只是會知道什麼是放棄了會更好的事。只要把精力用在剩下的事情上，就一定能邁向另一種成功。

聖杯6

不是只有獲得才是喜悅，
付出同樣也是一種喜悅。
這麼想的人
才能時時刻刻享受人生！

 純真無邪的童年時期 ● 過去的回
憶 ● 禮 物 ● 收 下 幸 福 ● 不 吝 付 出

—聖杯 6—
每日篇

給今天早上的你

你需要的一切都在自己身上。從小到大接受的教育、從身邊的人那裡得到的愛情等等，這些將會成為幫助你度過困難局面的助力。總之，你不用擔心。開心地度過今天一整天吧！

給今天晚上的你

你可能會和今晚見到的人興沖沖地聊著舊時回憶。各種令人懷念的話題憑空出現，惹得你們哈哈大笑。一起開心度過今天這件事一定也會變成「美好的回憶」。**今晚會是一個加深羈絆的夜晚。**

那個人今天的心情

他的心情絕佳。**今天的他正在感受幸福。**但也會想起過去的愉快時光等等，突然又變得非常感傷。也許是因為有機會接觸到讓他回憶起年輕時的自己的人吧！

關於今天的決定

參考至今為止的經驗來做決定才是最好的方法。要和某個人見面吃飯的話，就選之前吃過、記得很好吃的餐廳；而若是正在為重大的決定猶豫不決，則要找兒時玩伴等**從以前就很了解你的人商量看看。**

關於今天的工作

請不要當個小氣鬼。總而言之，把工作做好吧！盡量給對方「有價值的東西」才是最重要的。**利益什麼的可以之後再說。**只要把「喜悅」交給對方，以後一定會回到自己身上的。

戀愛篇

那個人對你的感覺

你向他展現的好意或露出的笑容讓他開心得無以復加。**他至今仍對那天的事情記憶猶新，而那也正是你們愛情的開端。**而且，他現在也依然不變地愛著你。

兩人今後的發展

能夠毫不吝惜地把「喜歡」的心情向對方展現的時刻即將來臨。你和他都一直在等著這一刻的到來。因此這會成為一段幸福時光。而且一定也會是**能夠感受到被愛的喜悅的時刻。**

那個人現在在做什麼？

他正在賣力地伺候他人或為人服務。可能是想取悅客人或客戶，正在從事為了達到這個目的的行為；或者，他搞不好也有可能正在外面購買要送給你的禮物！

我們有一天會復合嗎？

能夠像那天一樣相視而笑——這張牌正在向你宣告這一天的到來。**你會覺得「彷彿回到了從前」。**而對方也會有同樣的想法。你們只不過是想太多罷了，兩人之間的愛並沒有改變。

那個人的心是否只屬於我？

此時的他很重視「親善心」。也就是想親切地對待每一個人、想讓大家都很開心。**他這個人實在是太溫柔了。**就算你試圖將他占為己有，也不可能把他的心囚禁在狹窄的牢籠之中。

—聖杯 6—
人生篇

工作好累——以後會越來越好嗎？

你會重新找回熱忱。因為會**出現對你細心又親切的工作態度由衷感到開心的人。**「被迫工作」的想法消失無蹤，你一定會想要再更加努力。或許即將展開全神貫注投入工作的每一天。

人際關係好煩——有解決辦法嗎？

你們雙方可能都在害怕對方從自己身上奪走什麼，可是卻一定又對得不到自己期望的東西心存不滿。**首先，試著不吝付出吧！**情況可能會因此變得全然不同。

莫名感到空虛——是少了什麼？

你應該是疲於貪求了吧！要不要換個立場，成為付出的一方呢？**請傾盡全力將自己的能力或善意施予他人。**心情會開朗起來，靈魂也會變得神采奕奕。你會曉悟為他人奉獻的喜悅。

好想被拯救——我該做什麼？

你準備好了嗎？**願意拯救你的人雙手獻上愛情的時刻即將到來。**但假如你的內心某處覺得「自己根本不配被愛」，那雙手就會落荒而逃。以一顆純真無邪的心收下吧！

我的未來——接下來會發生什麼事？

即將造訪的是喜悅。**與兒時玩伴的重逢、和學生時代友人的交流**等等會讓你的心為之振奮。而回首過往也會讓你看見自己現在的不足之處喔！生活方式應該會一點一點地發生改變。

聖杯7

人的慾望無窮無盡，

在夢裡，任何願望都會成真。

然而，把夢想化為現實

需要時間和毅力。

 Key Word　選項眾多　內心的迷惘　沉浸在妄想之中　詭譎

古怪的世界　被迷得神魂顛倒　只是痴心妄想

一聖杯 7一
每日篇

給今天早上的你

請不要太貪心喔！**一天能做的事情應該沒那麼多。**想著「這也要做，那也要做……」有可能會超過時間限制。小心別讓自己變得沒辦法處理最重要的事。

給今天晚上的你

你大可忘記殘酷的現實，沉浸在夢想或想像的世界之中。那裡充滿各式各樣的可能性，可以讓你的心雀躍無比。不過，妄想終究只是妄想。為了貨真價實的幸福，明天再繼續努力吧！

那個人今天的心情

他想沉浸在自己的世界裡，也可能是有想看的動畫或想讀的小說。總而言之，**他正在追求「輕微的逃避現實」。**試著約他參加可以轉換心情的娛樂活動，他說不定會覺得很開心唷！

關於今天的決定

今天要斬斷內心的「迷惘」是一大難事。就算出門買東西，最後也可能會做不出選擇敗興而歸。**你需要時間重新想想「自己想要什麼」。**在那之後再做決定就行了。

關於今天的工作

那真的是有可能實現的企劃嗎？讓夢想膨脹是件好事。但若是無法將其化為現實，就會導致信用一落千丈、對自己備感失望。請**一面考慮「可行的範圍」**一面執行工作吧！

戀愛篇

那個人對你的感覺

「想和你一起做這個、做那個……。」就像這樣，他現在**正做著不著邊際的想像**。他澈底被你迷惑了心智，覺得如果是和你的話，應該可以談場令人忘卻現實桎梏的戀愛。

兩人今後的發展

你們會**實現「愛的大逃亡」**。把必須解決的問題放在一邊，不管不顧地享受一同度過的短暫時光。轉瞬即逝的喜悅也會使你們湧現活下去的力量。不過，別忘了「現實」並不會就此消失。

那個人現在在做什麼？

他或許正在享受難以對他人啟齒的「興趣」也說不定。為了增加收藏的購物、為了品嚐夢想及刺激感的賭博、逃避現實的酒精……。這是任誰都不可或缺的「逃避時間」。

我們有一天會復合嗎？

讓期待復合的心情不斷膨脹是無所謂，但你是否不知不覺將對方理想化了呢？在絕大多數情況下，**分手之後想起來的總是美好回憶**。也別忘了自己曾經因為對方嚐到苦頭。

那個人的心是否只屬於我？

請等一下。你們兩個不是根本還沒有正式交往嗎？這是代表「妄想」的塔羅牌。你和對方目前應該都還**處在妄想「希望他只屬於我一個人」的階段吧**！

—聖杯 7—
人生篇

工作好累──以後會越來越好嗎？

當然。以後會越來越好喔！不過比起動腦，**多增加一點動手的時間會比較好**。想著成功的短暫美夢雖然甜美，但若是不增加努力往成功邁進的時間，結果就永遠不會出現。

人際關係好煩──有解決辦法嗎？

社交令人身心俱疲，對吧？如今是個也有很多人逃避面對他人、選擇封閉自我的時代。但是你很努力。這樣真的很了不起！**偶爾不與任何人接觸，沉浸在自己的世界裡**排解壓力吧！

莫名感到空虛──是少了什麼？

做夢易如反掌，實現夢想卻難如登天。你或許是意識到了這個現實才會感到空虛的吧！然而**正因為困難，才有去做的價值及成就感**。不堅持努力看看嗎？

好想被拯救──我該做什麼？

你最好回歸「真實世界」。並且把不處理好就前進不了的事情通通解決掉吧！**說不定也需要和蠱惑你的事物一刀兩斷**。如果想得救的話，就澈底死了那條心吧！

我的未來──接下來會發生什麼事？

你可能會踏進一個詭譎的世界。因為實在太開心了，把其他事情拋諸腦後、澈底淪陷之前，**你需要試著去懷疑自己有沒有遭到欺騙**。別忘了這個世上才沒有那麼好的事。

聖杯 8

若想得到什麼，

就得放棄什麼。

只要具備這種勇氣，

人生就會開始改變。

 放棄累積至今的事物 ● 開始厭煩 ●
尋找其他可能性 ● 放手 ● 勇敢的決心

―聖杯 8―
每日篇

給今天早上的你

覺得累的話，就暫時休息一下。也可以先把截至昨天為止的工作或煩惱放在一邊不管，**試著去做其他事情。**這樣才會轉換心情，才有好處。有些東西要放棄操勞才能看清。

給今天晚上的你

你好像正想著要「放棄不做了」。然而，對於要放棄自己努力經營到現在的愛情或事業，你的心情一定也很複雜。可是，**之後不是還可以再回來嗎？**先試著放棄看看吧！

那個人今天的心情

他開始對自己一直在做的事情感到厭煩了。覺得要是不改變什麼，人生就會被染成一片憂鬱的顏色。**雖然知道維持現狀比較輕鬆，**不過他還是想要冒險看看。

關於今天的決定

為了得到什麼，就必須要放棄什麼。畢竟**衣櫃和時間都是有限的，對吧？**放開不要的東西、減輕工作，然後再把手伸向新的事物。這才是明智的選擇喔！

關於今天的工作

雖然也會覺得可惜，但你可以抱著放棄目前為止的靈感或成果的覺悟，去試試看新的挑戰。會這麼建議也是因為**你心裡一定有想探索其他可能性的心情。**不妨試著享受「挑戰」這個行為吧？

戀愛篇

那個人對你的感覺

為了認真愛你，**他開始認為自己必須把過去一直很珍惜的事物一腳踢開。** 這個決定說不定得不到大家的共鳴，甚至有很大的可能會遭到反對。所以他才會這麼煩惱吧！

兩人今後的發展

你們的關係會逐漸僵化。為了打破這個僵局，你可能會開始考慮稍微拉開距離。如果不想迎接這種未來的話，就**從現在開始加入「變化」和「刺激」吧！** 這才是正確的解決辦法。

那個人現在在做什麼？

他正準備脫離平時的工作或人際關係，**挑戰別的事情。** 他認為要是不這麼做，可能性就會遭到限縮，人生會變得無聊至極。雖然他可能會暫時變得非常忙碌，但請你為他加油吧！

我們有一天會復合嗎？

明明感情發展得很順利卻還是分手，是「因為實在太順利了」。你們說不定是缺乏刺激。**分隔兩地的日子應該可以讓你們收穫良多。** 你們會慢慢想起對方的重要性吧！

那個人的心是否只屬於我？

雖然你可以霸占對方的心，**但請避免霸占對方的時間。** 因為要是一天都晚都和你待在一起，就要擔心他對這個情況感到厭煩。這就跟一直吃同一種東西會膩是一樣的道理。

─聖杯 8─
人生篇

工作好累──以後會越來越好嗎？

「都忍到現在了……。」你應該也有這種感覺。但你其實不是很想要換個不一樣的工作嗎？儘管這的確不是一條輕鬆的路，可是工作熱忱會變得更高。**試試看轉職吧！**

人際關係好煩──有解決辦法嗎？

你開始考慮要斷絕關係了吧？只是因為無法鼓起勇氣嗎？還是說，你擔心的是**不知道能不能找到合得來的人**呢？要馬上找到可能沒辦法。不過有去找找看的價值喔！

莫名感到空虛──是少了什麼？

說不定是後悔半途而廢的心情開始顯露出來了。可是在那個當下，選擇那麼做是對的。你當時應該也覺得自己已經要不行了吧？**與其懷悔過去，不如放眼未來。**

好想被拯救──我該做什麼？

最好拿回自己放棄的權利。你應該會覺得「已經為時已晚」而悲從中來吧！可是，未必真的是這樣喔！只要懇求對方，說你想要重新來過、讓你再試一次，也許就能找回愛情或事業。

我的未來──接下來會發生什麼事？

你應該會做出勇敢的決定。可能會拋下目前的地位或權利，打算將人生從頭來過。一般人沒辦法像你一樣如此大膽。但是**你具備「放棄的勇氣」。**令人想向你脫帽致敬！

聖杯 9

結果好極了，你做得很棒！
在背後排成一列的大量杯子
代表自己的心情
已經十分滿足了。

自豪 ● 自我滿足 ● 保留彈性空間 ● 自
負心 ● 充足飽滿的感覺 ● 滿足的心情

─聖杯 9─
每日篇

給今天早上的你

今天可以得到令你心滿意足的結果。而且今天的你還具備不在意周遭的強大精神，覺得：**「不論別人怎麼想，我都要這麼做！」**一定會有人願意支持你的這股決心。

給今天晚上的你

應該發生了什麼事情，讓你想誇獎自己「我做得真不錯」吧？你似乎成功解決了人生的一大難題。多虧如此，之後你可以暫時**過上一段比以前更輕鬆的日子。**真是太好了！

那個人今天的心情

他的心情相當滿足。應該是因為自己經手的工作出現了符合期待的結果；也有可能是**對於成功向你展現自己的魅力感到滿意。**往後應該也會表現得很積極。

關於今天的決定

今天**最好以「彈性空間」作為決定的重點。**規劃行程時，不要把預定計畫排得密密麻麻，而是採用寬鬆的時間分配；在不同地點之間移動時，則要帶著可以裝很多東西的包包出門。

關於今天的工作

應該會進行得很順利吧！只有一件事情要注意，那就是「有沒有達到周遭的要求」。就算自己覺得非常滿意，**若是不符合對方的要求，就不會得到好評價。**還請留意這點。

戀愛篇

那個人對你的感覺

現在的他遠比你想像得還要更喜歡你唷！不過，他只有用想的而已，**將愛情明確表現出來的意願比較低。**因此你或許無法產生被愛的感覺。可是他是真心喜歡你的。

兩人今後的發展

可以感受到內心無比富足的時期即將來臨。可能會有一段回顧兩人攜手走過的歷史，想著**「雖然經歷了很多，但我們還是很幸福」**的懷舊時刻。也許會產生想和別人炫耀自己被深深愛著的心情。

那個人現在在做什麼？

他正在度過一段充實的時光，例如開著引以為傲的愛車到處兜風、一口氣把有好幾集的連續劇一次追完。身邊沒有其他人的身影，**他正獨自沉浸在一個人的快樂之中。**可以試著聯絡他喔！

我們有一天會復合嗎？

這是代表滿足感的牌。**符合你內心期盼的未來似乎就快到了！**但假如你是用哭求對方的方式勉強復合的話，也許會在對方的心中留下不滿。復合之後要好好補救，重新鞏固愛情的基礎吧！

那個人的心是否只屬於我？

他心裡對你感到非常自豪。換句話說，**能夠和你交往的這個事實，讓他開心得不能自已。**從今以後，他也想繼續把你占為己有，所以一定會很珍惜你的。

─聖杯 9─
人生篇

工作好累──以後會越來越好嗎？

沒事的。你即將迎接**能夠抬頭挺胸、自豪地想著「我至今完成了這麼多工作」的未來**。就算有人不認同你，你也不必放在心。對方遲早會了解到你的價值。

人際關係好煩──有解決辦法嗎？

經常自吹自擂的上司或朋友讓你不堪其擾嗎？一直用「好厲害喔」來**幫對方捧場應該很累人吧？**你也試著不甘示弱地告訴對方：「你也聽我炫耀一下嘛！」這樣應該才能形成良好的關係。

莫名感到空虛──是少了什麼？

或許你是因為在意社會大眾的評價，才會覺得人生格外空虛。**「只要自己覺得滿意就好」，要不要試著這麼想呢？**別管什麼流行了，穿喜歡的衣服、去喜歡的地方，盡情享受人生吧！

好想被拯救──我該做什麼？

如果想要寬裕的時間，就把工作稍微減少一些；而如果是想要更多的金錢，就削減自由時間來工作吧！你的內心正在追求的是**「讓目前不足的事物得以增加」**。首先，想想看自己想增加什麼吧！

我的未來──接下來會發生什麼事？

願望成真、內心充實的時刻即將來臨。你可能**會有很多時間可以和喜歡的人碰面**；或者是做出讓你對自己的工作表現感到驕傲的「成績」。心情會變得無比滿足。

聖杯10

空中高掛一道彩虹，
人們正互相分享喜悅。
填滿這個空間的
是「幸福」與「一體感」這兩者。

 願望成真 ● 達成的時刻 ● 團隊的成
功 ● 一體感 ● 分享喜悅 ● 大家的幸福

─ 聖杯 10 ─
每日篇

給今天早上的你

原本烏雲密布的內心會從縫隙射進一道曙光，出現美麗的彩虹。喜悅正等待著你！**戀愛也許終於要迎來最高潮。**不但你們兩人的心會合而為一，身邊所有人也都會為愛情開花結果歡喜不已。

給今天晚上的你

今天是大大滿足的一天。就算不是，也代表那天近了，所以儘管放心吧！今天你得到的並不是單純的成就感。**增加同伴才是一大重點。**這下子，人生會變得越來越有趣喔！

那個人今天的心情

他似乎遇到了像是支持的球隊贏球了這種令人開心的事；或者，也可能是他自己的工作團隊大有進展。無論是哪種情況，他的心情都很好，**搞不好可以說是心情最好的一次了。**他現在滿面春風喔！

關於今天的決定

今天最好選擇有成就感的一方。**保守的決定無法誕生出喜悅。**假如現在的你正在苦惱「要不要停止一直持續在做的事情」，選擇「堅持到可以開懷大笑的那一天為止」才是最好的決定。

關於今天的工作

應該會做出讓所有團隊成員都很開心的工作成果。請你抱著這樣的打算來工作吧！「只要完成自己的最低績效就好」，以這種態度工作會讓今天變得非常可惜。請以更大的成就為目標吧！

戀愛篇

那個人對你的感覺

他的感情非常認真。似乎想要把與你之間的關係「變成受到眾人祝福的關係」。也就是說，**他有將來想要和你結婚的想法。**並且希望你也一樣是這麼想的。

兩人今後的發展

塔羅牌映出了**你們兩人一同歡欣鼓舞的模樣。**幸福的未來即將到來。可能是你們終於兩情相悅，也可能是決定結婚。或者，說不定會因為有了孩子而喜上眉梢。

那個人現在在做什麼？

他正在某個地方**一邊放鬆，一邊沉浸在幸福之中。**或許是結束了一件大案子，也順利做出了成果，因而卸下肩上的重擔；也可能正被重視他的團隊或一大群粉絲團團包圍。

我們有一天會復合嗎？

這是暗示**對誰來說都很圓滿的結局即將到來**的牌。你們會成功復合吧！但若是有人不樂見其成的話，可能就還要很久才能抵達終點。隨著人際關係的改善，美夢成真的那天應該會慢慢靠近。

那個人的心是否只屬於我？

他追求的並不是會讓周遭嫌棄到不禁想要捏起鼻子的那種「黏黏黐黐」的情侶。他想要受到大家喜愛的清爽關係。不過他的心是屬於你的。**只是很少表現在態度上罷了。**

— 聖杯 10 —
人生篇

工作好累——以後會越來越好嗎？

成就的時刻即將到來。由於能夠和所有共事者一同分享喜悅，**你會覺得比個人的成功更加開心。**你以後也會和共同分享成就感的這些人因為工作產生關聯，因此將來應該也是一片光明。

人際關係好煩——有解決辦法嗎？

等結果出來之後就會發生改變。人際關係尷尬疏離是**因為大家還沒有獲得幸福。**努力完成自己的工作吧！只要靠工作或讀書取得巨大的成果，你身邊的人應該就會一起變得很幸福吧！

莫名感到空虛——是少了什麼？

應該是與家人或夥伴之間的關係不佳導致你情緒低落吧！**如果可以互相分享喜悅，空虛感一定會一掃而空。**為此，你最好致力於改善自己與周遭的關係。不要躲在自己的世界裡。

好想被拯救——我該做什麼？

在心中描繪夢想吧！什麼事情讓你覺得「要是這樣就好了」？**可能會在那個當下陪你一起開心的人又是誰呢？**要是腦中浮現了特定人物的臉，就把你的夢想告訴對方。你會朝著實現夢想前進喔！

我的未來——接下來會發生什麼事？

這是你期盼已久的「成就」或「達成」的瞬間將會來臨的暗示！快樂的心情應該會擴散到心中每一個角落。**你會想要把這份幸福分享給全部的人。**應該會變成一個比以前更親切的人喔！

聖杯侍從

PAGE of CUPS.

無需言語。
縱然與對方物種不同，
只要有心就能心意相通。
需要的是想像力。

互通心意 ● 容易親近 ● 打成一片 ●
想像力豐富 ● 不帶偏見 ● 理解

―聖杯侍從―
每日篇

給今天早上的你

你會和某個素昧平生的人愉快地交流。可能會與偶然跟你搭話的**異國旅客發展出戀情或友誼。**如果可以不帶偏見、縱情想像的話，今天應該會成為也能和動物或植物心意相通的美好的一天。

給今天晚上的你

假如有空的話，可以走出家門前往有很多陌生人聚集的地方。可能會在夜晚熱鬧繁華的街道上遇見美麗的邂逅。這是個即使語言不通也能和對方互通心意的神奇夜晚。**應該可以體驗到相連的喜悅。**

那個人今天的心情

今天的他覺得自己好像可以比平常更容易和其他人打成一片。心情就跟到國外旅遊的時候一樣放得開。**今天也會冒出勇氣往前推動與你之間的戀情！**說不定會遇見心意相通的那個瞬間。

關於今天的決定

不要想得太複雜會比較好喔！**「憑感覺」來決定就可以了。**倒不如說，這麼做才更有可能在潛意識的引導之下走到正確的路。試著用擲硬幣的方式交給偶然來決定也不賴。

關於今天的工作

你也許會產生一種奇妙的感覺——覺得自己瞬間領悟了**從事現在這份工作的「真正意義」**這種不可思議的經驗。從這天起，你會開始對工作灌注熱情，並且抵達成功吧！

戀愛篇

那個人對你的感覺

他在某些地方和你莫名合拍，應該就是被這些地方給吸引了吧！明明出生背景和成長過程都大相逕庭，為什麼卻能互相理解呢？真是不可思議。說不定**他是因為想要解開這個謎題才離不開你的。**

兩人今後的發展

這是過去**不自在、難為情以及生疏的感覺會慢慢消失的暗示。**吵架之後的尷尬氣氛也會煙消雲散。而感覺光是對到眼就可以互通心意的情況應該會越來越多吧！

那個人現在在做什麼？

他正在度過一段輕鬆愉快的時光。也有可能出門喝酒，和剛好坐在隔壁的人因為一些無聊的話題相談甚歡。他只不過是在配合當下的氣氛罷了。沒什麼好擔心的。

我們有一天會復合嗎？

你似乎沒有正式開口提出「想要重新來過」的必要。無論是吵架分手還是漸漸淡出彼此的生活，你們的關係今後應該都會自然而然地恢復原狀。**試著順其自然吧！**

那個人的心是否只屬於我？

最近的他在你們互通心意的方式上產生了特別的感覺。**覺得縱使不訴諸言語，你們也能向彼此傳達各種心情。**讓他有這種感覺的人當然非你莫屬。你們是兩人同心。

— 聖杯侍從 —
人生篇

工作好累──以後會越來越好嗎？

今天你說不定沒有半點做事的幹勁，但是等到明天應該就會恢復了。只是你的動力出現了一點高低起伏。完成最低限度的工作吧！不過，跟同事的溝通是絕對少不了的。

人際關係好煩──有解決辦法嗎？

看來是有人和你的關係變得很不自在吧？不過，應該很快就會出現一起參加聚餐之類的這種可以對彼此卸下心防的場合。氣氛會因此逐漸改變。以後也會更容易和對方好好相處。

莫名感到空虛──是少了什麼？

最近的你太嚴肅了。別忘了這個世界也會發生美好的奇蹟。偶爾沉浸在幻想的世界裡面也不壞。度過一段把討厭的事情拋諸腦後的時間應該會幫助你打起精神吧！

好想被拯救──我該做什麼？

不是每個人都帶有偏見。一定有願意正確了解你的情況、想和你互相理解的人！不要從一開始就擅自認定「反正絕對不可能」，嘗試和各式各樣的人維持交流。得到救贖的那天將會來臨。

我的未來──接下來會發生什麼事？

你與他人的關係會發生巨變，譬如向自己一直很戒備的人敞開心扉等等。可能還會出現對喜歡的人展露真心的機會。由此開始，你們的身心也許會一口氣合而為一。

聖杯騎士

一個有紳士風度的求婚
必須將「拒絕的自由」納入其中！
只要你願意的話……。
從這句話裡，對方會感受到誠意。

Key Word 表示誠意 ● 求婚 ● 溫柔的戰士 ●
適當的距離感 ● 不強求的愛情

－聖杯騎士－
每日篇

給今天早上的你

今天可以推進與自己想珍惜的對象之間的關係。這是因為今天你的言語或態度中飽含為對方著想的誠意，所以很有說服力。**愛情和事業一定都會一帆風順，有自信一點吧！**

給今天晚上的你

人與人之間的內心距離很難掌握。但是你今晚面對的人願意保持對彼此都很舒適自在的距離。**搞不好會從今晚開始發展出一段戀情。**應該可以交往得很順利。

那個人今天的心情

想要將從自己內心湧現的珍貴心意傳達給某個人的想法變得十分強烈。也許他想傾訴的那個人就是你喔！他可能非常想先向你表明自己的誠意或「認真的程度」。

關於今天的決定

別在沒有考慮到其他人的情況下採取行動。這樣並不會得到想要的結果。但是，如果你帶著誠意應對的話，對方一定會感受到這份心意，**也會為了你展開行動。**

關於今天的工作

假如你是男性，請在今天工作時展現紳士風度；若是女性的話，則作為淑女來工作吧！**身體姿勢、用字遣詞以及臉上的微笑**……把這些做好就會在今天得到判若兩人的成果。人際關係也會改善唷！

戀愛篇

那個人對你的感覺

他似乎開始產生想要向你展現誠意的想法。如果你們交往已久，他可能會覺得是時候該求婚了；而如果你們還沒開始交往的話，**他或許是打算對你進行愛的告白。**

兩人今後的發展

可能會進入調整心態，思考對雙方而言的「適當距離」的時期。**是時候結束只是在拖拖拉拉、沒有結果的交往方式了。**「要認真交往嗎？」「要結婚還是不結婚呢？」討論這類話題的機會即將來臨。

那個人現在在做什麼？

他正在為了展現自己的誠意而外出。可能是前往之後確定會在工作上締結合作關係的客戶那邊進行正式的問候；或者是身著正裝出席婚喪喜慶的正式場合。

我們有一天會復合嗎？

老實說，這個答案取決於你過去的交往對象。對**方是個以誠實態度和你交往的人嗎？**是的話，對方就會主動提出復合。萬一對方是個油嘴滑舌的人，那可能就沒辦法了。

那個人的心是否只屬於我？

如果對方這麼說，那你就可以相信他。**他的「我只有你」這句話裡沒有半分虛假。**可是，要是他從來不對你說這樣的話，或許就不要期待會比較好。不切實際的夢想有時也會讓人受傷。

─聖杯騎士─
人生篇

工作好累──以後會越來越好嗎？

別被那些以卑鄙手段出人頭地的人蒙蔽了雙眼。**只要秉持誠意繼續工作，就一定會得到成果。**不必做到不惜推開他人也要贏得競爭的地步。受到周遭的喜愛才能在他們的支持下取得成功。

人際關係好煩──有解決辦法嗎？

不要降低自己的「格調」。中了惡劣的人的挑撥，**擺出「既然你這樣，那我也不客氣了」的態度是不可取的。**這樣根本就是一丘之貉。必須小心別讓自己掉到對方的水準。

莫名感到空虛──是少了什麼？

或許是因為能夠理解你的魅力或能力的人太少才會這麼空虛吧！這就像在家裡面穿著筆挺的晚禮服也只會徒增空虛一樣。**增加願意看著自己的人吧！**盡量多和其他人交流。

好想被拯救──我該做什麼？

你失去了愛情嗎？應該很痛苦吧！但你從這份愛裡學到了很多吧？「何謂誠意？」「什麼是適當的距離感？」**將所學用在下一段戀情時**，你就能從這個經驗中被拯救出來。

我的未來──接下來會發生什麼事？

有可能會**接受求婚或對別人求婚。**未必一定是結婚的請求。也可能是「要不要來我們這邊一起工作？」這種跟挖角有關的事。請你帶著滿滿的誠意回答對方。

QUEEN of CUPS

聖杯王后

對他人的心情產生共鳴，

在持續感受的過程中，

你的心會與他合而為一，

隔閡會消失殆盡。

 沒有界線 ● 充實的心 ● 一體感 ● 無法
真心遠離的人 ● 不停思念 ● 多愁善感

─聖杯王后─
每日篇

給今天早上的你

今天的你很容易有所感觸、精神敏感。可能會出現對發生在別人身上的事情感同身受的情境。得到你同理的人應該會覺得很放心吧！但是，**千萬不可以過度同情對方。**

給今天晚上的你

這是一個可以從思念著某個人的行為感受到幸福的夜晚。你應該會覺得自己和對方心心相印。不過，假如你才剛失戀的話，今晚也許就會相當難熬。可能會動不動就**一直想起對方。**

那個人今天的心情

今天很難讓事情告一段落。 他可能會一邊想著「差不多該停下來了」，一邊卻又無法讓眼睛離開手機；或是忍不住一杯接著一杯不停灌酒。也有在覺得必須回歸現實的同時又想要逃避的心態。

關於今天的決定

今天可能會很難下定決心收手不再做某件事情。**應該是產生感情了吧，** 也可能是對離開那裡感到依依不捨。今天也是沒辦法清理物品的日子。改天再挑戰斷捨離會比較好喔！

關於今天的工作

一起工作的整個團隊應該會發生好的變化。**你們會培養出默契，產生一體感。** 除此之外，今天也能毫不費力地猜到客戶的心意。會出現對確實回應要求的你給予高度評價的人。

戀愛篇

那個人對你的感覺

你的溫柔善良、你的體貼入微以及善解人意的地方等等，最近他**開始注意到你的優點了喔！**或者，他感覺自己被你的優點幫了一把，對此表示深深的感謝。

兩人今後的發展

一體感會增強。兩人一起度過或說話的時間可能會越來越多。只是，應該也會有人用批判的眼光看待這樣的你們。確實做好時間劃分，以防對工作或人際關係造成影響。

那個人現在在做什麼？

他好像正一邊看著電視或影片，一邊在想著某個人。**說不定是不由自主地想到你吧！**他的腦中似乎一直離不開最後一次見面時，你用一副欲言又止的表情看著他的臉龐。

我們有一天會復合嗎？

對方並沒有忘了你。你應該也一樣吧？也就是說，**你們的心還連在一起。**只是可能有某件事情成了妨礙你們修復關係的絆腳石。現在或許只能繼續保持分開的狀態。

那個人的心是否只屬於我？

你們兩人在心靈深處緊緊相連。有時可以清楚感受到這點，有時則會覺得連結似乎沒有那麼牢固。不過，應該從來沒有完全斷掉過吧？**他的心裡時時刻刻都有你喔！**

―聖杯王后―
人生篇

工作好累——以後會越來越好嗎？

你說不定正在從事不適合自己的工作。會不會覺得其他工作才能讓自己一展長才呢？最好試著想想看，可不可以把**做一整天也不覺得膩的事情變成工作**吧！

人際關係好煩——有解決辦法嗎？

你是個可以理解他人情緒的人。所以才會因為過於為他人費心而感到心力交瘁，還會在很多場合說不出任性的話。**偶爾也需要劃清關係。**覺得「自己要受不了」的時候，就丟掉同情心吧！

莫名感到空虛——是少了什麼？

你並沒有少了什麼。倒不如說，你是有很多東西太多了。請注意不要吸收過多的資訊。**東西多到滿出來也是一個問題。**把生活變得簡單一點，內心才會神奇地日漸充實。

好想被拯救——我該做什麼？

停止感情用事吧！「因為想做而做」、「因為不想做而不做」是情緒的反應；「因為該做而做」、「因為最好不要做而不做」則是理性的判斷——請重視這一邊。

我的未來——接下來會發生什麼事？

內心富足的時刻即將來臨。你和某個人心意重疊，可以共享同樣的心情。這種**一體感會為你帶來幸福，**也會讓人生變得多采多姿。寂寞和空虛感都會慢慢消失喔！

聖杯國王

KING of CUPS.

只要繼續鍛鍊心智，

縱使情況顛簸，

也會穩如泰山。

一定可以保持一顆平穩的心。

 不為情況的變化所動 ● 堅定不移的心意
● 被支配的情感 ● 心靈的強韌 ● 保持原樣

─聖杯國王─
每日篇

給今天早上的你

今天的你應該關注的不是「社會動向」，而是「自己內心的動向」。這樣才能防止你被感情牽著鼻子走而衝動行事。事情會發生變化。**不要在一時衝動之下採取行動。**

給今天晚上的你

你的心正在騷動不安嗎？即使如此，**現在什麼事都還沒發生。**不要受到不安的驅使慌忙行事，讓自己的心鎮定下來吧！建議可以花點時間冥想，或是把情緒書寫成文字。

那個人今天的心情

他十分冷靜。內心游刃有餘，還具備能夠誠實面對自身情緒的強大精神，因此沒有半分「動搖」。不論你是個再怎麼撩人的小惡魔，也許都很難讓今天的他心生動搖喔！

關於今天的決定

今天是能夠做出正確決定的日子。覺得「差不多該決定了」的事情最好在今天之內得出結論。這天不會變得感情用事，所以也**很適合和別人冷靜地談話。**

關於今天的工作

用跟昨天前一樣的方式來工作吧！儘管情況略有改變，但試圖去迎合情況，在今天有可能會忙得半死卻沒有得到成果。請**把精神集中在繼續做好自己該做的事情上。**

戀愛篇

那個人對你的感覺

他對你的心意成了他心中堅定不移的信仰。不用擔心啦！就算讓他稍微看到你的缺點，他也不會因為這樣就討厭你的。**你自己也要讓內心不為所動，繼續想著他。**

兩人今後的發展

你們會進入穩定期。那些微不足道的干擾或障礙等等根本不會對你們構成任何問題。**你們應該是在彼此心中確實培養出相信對方的心情了吧！** 或者，說不定是他強大的心靈讓你非常放心。

那個人現在在做什麼？

他身邊發生了一些小問題，可是他並沒有太在意。他覺得這是「老問題」了。**如果沒有聯絡的話，是因為情況使然。** 不是因為他移情別戀了，所以儘管放心吧！

我們有一天會復合嗎？

如果你們還是難以應付心中產生的衝動或不安全感，就算復合可能也不會順利走下去。**先鍛鍊心智吧！** 如此一來，願望一定就會實現。或者，你也可以試著等待對方取得一顆強韌的心。

那個人的心是否只屬於我？

他是一個比你想的還要更加可靠的戀人。不僅不會被無聊的誘惑矇騙，而且即使情況發生改變，他對你的忠誠心也始終如一。所以你也不要陷入恐慌，**相信他吧！**

— 聖杯國王 —
人生篇

工作好累──以後會越來越好嗎？

這或許是個瞬息萬變的業界。在這裡工作應該很辛苦吧？**但你已經是一個被大家依賴的存在。**一定也有很多工作少了你會進行不下去。不但有努力的價值，結果也會慢慢顯現吧！

人際關係好煩──有解決辦法嗎？

不是別人的態度或話語讓你受傷，問題在於「接收的方式」。以後感到難受時，你要試著對自己說：**「別在意、別在意！」**你會培養出一顆寬容的心，真的就不再在意了。

莫名感到空虛──是少了什麼？

你是不是每天都被外來的刺激動搖內心，導致想做的事情沒有進展呢？**這樣你只會是情緒的奴隸！從今以後要當個「國王」。**確實控制好自己的心才是關鍵所在。

好想被拯救──我該做什麼？

一旦決定「要做這個」就要貫徹到底。總之心無雜念地重複這個行為吧！只有這樣才能幫助你鍛鍊心智，而且一定會成為救贖。例如每天早上打掃或散步等等，無論如何都試著堅持下去看看吧！

我的未來──接下來會發生什麼事？

你會找回屹立不搖的自信。覺得戀人、客戶或昔日夥伴的心都回到你身邊了。可能會興高采烈地想著：**「我是被愛的，大家都沒有離開我！」**什麼都不必擔心了。

Epilogue
―結語―

用塔羅牌占卜，
「哇，算得好準喔！」
出現這種感覺的時候，
不覺得很興奮嗎？

自己的過去、現在，甚至連心聲
都被一眼看穿，
忍不住起了一身雞皮疙瘩！
很多人都有這種經驗。

可是，自己幫自己占卜，
卻覺得「奇怪？完全不知道該怎麼解牌……」。
會遇到這種情況，
也是塔羅牌占卜不可思議的地方。

首先，要學會解讀塔羅牌
意外地困難！

記住七十八張牌的涵義要下的苦工
跟背英文單字相去不遠。

多張牌的搭配
在剛開始會覺得和英文文法一樣困難。

「塔羅牌好厲害喔！又說中了！」
明明是想要這種興奮的感覺，
卻解不開、搞不懂、算不準……。
最後放棄學習，對塔羅牌心生厭惡。

為了避免這種情況，
「想做一本任誰都能立刻輕鬆上手的占卜書！」
我抱著這個想法開始撰寫本書。

爽快採納我的提議，
提供我執筆機會的
三空出版的阿武正悟先生，
請容我借此處
向您表達謝意。
非常感謝您對我的信任！

另外，我也要深深感謝
這半年來一直伴我前進的
中村美砂子小姐。
謝謝您將這本書
完成得如此精美！

最後，我也要感謝
閱讀本書的各位讀者。
作為喜愛塔羅牌的夥伴，
往後也請各位多多指教！

·作者·

澀澤June June Shibusawa

占卜師，著有馬賽塔羅牌解說書《Reading the Tarot》（日本駒草出版，共著），以及將人氣原創塔羅牌書籍化的《夏威夷靈性塔羅——神聖之島的避靜》（日本三空出版）等作品。此外，除了負責監修在日本「Yahoo!占卜」、「Ameba算命館SATORI」長期深受使用者喜愛的「極光塔羅牌」及「影貓塔羅牌」，也在YouTube上持續更新亦使用偉特塔羅牌的解牌影片。興趣是在散步時帶著相機邊走邊拍。

設計	荒牧 洋子（monocri）
編輯	中村 美砂子（モック社）

KAISHAKU 1000SHURUI IJOU! IMASUGU URANAETE ICHIBAN ATARU TAROT BOOK
Copyright © June Shibusawa 2020
Chinese translation rights in complex characters arranged with MIKU Publishing Inc.
through Japan UNI Agency, Inc., Tokyo

塔羅隨手翻 —一張牌直擊核心，一句話道破未來

出　　　版／楓樹林出版事業有限公司
地　　　址／新北市板橋區信義路163巷3號10樓
郵 政 劃 撥／19907596　楓書坊文化出版社
網　　　址／www.maplebook.com.tw
電　　　話／02-2957-6096
傳　　　真／02-2957-6435
作　　　者／澀澤June
翻　　　譯／歐兆苓
責 任 編 輯／陳依萱
校　　　對／周季瑩
港 澳 經 銷／泛華發行代理有限公司
定　　　價／520元
初 版 日 期／2024年4月

國家圖書館出版品預行編目資料

塔羅隨手翻：一張牌直擊核心，一句話道破
未來 / 澀澤June作；歐兆苓譯. -- 初版. --
新北市：楓樹林出版事業有限公司, 2024.04
面；　公分

ISBN 978-626-7394-49-6（平裝）

1. 占卜

292.96　　　　　　　　　　113003591